Ame Suas Curvas

Autor do best-seller *Eu não consigo emagrecer*
Dr. Pierre Dukan

Ame Suas Curvas

Perca peso, não perca as formas

1ª edição

Tradução
Clóvis Marques

RIO DE JANEIRO | 2015

CIP-BRASIL. CATALOGAÇÃO NA PUBLICAÇÃO
SINDICATO NACIONAL DOS EDITORES DE LIVROS, RJ

Dukan, Pierre, 1941-
D914a   Ame suas curvas / Pierre Dukan; tradução Clóvis Marques. – 1ª ed. – Rio de Janeiro: Best*Seller*, 2015.
    il.

Tradução de: Les hommes préfèrent les rondes
ISBN 978-85-7684-584-3

1. Dukan, Pierre, 1941-. 2. Dieta de emagrecimento.
3. Hábitos alimentares. 4. Emagrecimento. 5. Nutrição.
I. Título.

15-20938

CDD: 613.25
CDU: 613.24

Texto revisado segundo o novo Acordo Ortográfico da Língua Portuguesa.

Título original
LES HOMMES PRÉFÈRENT LES RONDES
Copyright © 2003 by Le Cherche Midi
Copyright da tradução © 2015 by Editora Best Seller Ltda.

Adaptação de capa original: Sense Design
Editoração eletrônica: Abreu's System

Todos os direitos reservados. Proibida a reprodução,
no todo ou em parte, sem autorização prévia por escrito da editora,
sejam quais forem os meios empregados.

Direitos exclusivos de publicação em língua portuguesa para o Brasil
adquiridos pela
EDITORA BEST SELLER LTDA.
Rua Argentina, 171, parte, São Cristóvão
Rio de Janeiro, RJ – 20921-380
que se reserva a propriedade literária desta tradução

Impresso no Brasil

ISBN 978-85-7684-584-3

Seja um leitor preferencial Record.
Cadastre-se e receba informações sobre nossos lançamentos e nossas promoções.

Atendimento e venda direta ao leitor
mdireto@record.com.br ou (21) 2585-2002

*Para Christine, que, sem saber,
me inspirou a escrever este livro.
Para Maya e Sacha, para Sacha e Maya,
que devem sua existência à beleza e às curvas
da mãe, e sem os quais minha vida teria
muito menos sentido.
E ao poeta Jean-Marc Natel, sem o qual
este livro ainda estaria na minha gaveta.*

Sumário

Prefácio 9

Primeira parte
Curvas e natureza

A comunicação não verbal no mundo animal 17
A comunicação olfativa: a mensagem dos cheiros 19
O irresistível aerossol do bômbix 21
Feminilidade, um coquetel biológico.................................... 43
Curvas e sexualidade 54

Segunda parte
Curvas e cultura

Panorama das concepções sobre as curvas 81
Consequências do conflito magreza-curvas 107
As causas do tabu das curvas 130

Terceira parte
Por novas formas arredondadas

Carta aberta aos homens 169
Carta aberta aos grandes estilistas 172
Carta aberta às jornalistas femininas 175
Carta aberta ao *prêt-à-porter* feminino 179
Cartas abertas endereçadas 182
Carta aberta a: 184

Prefácio

A escolha do título de um livro é sempre um momento decisivo para um autor. É preciso resumir em algumas palavras reveladoras duzentas ou trezentas páginas de texto.

Assim, quando afirmo, no título original em francês, que "os homens preferem as curvas", trata-se de um eufemismo e eu deveria acrescentar — mas não tinha espaço suficiente —, que eles nunca tiveram escolha. E agora, nesta pequena frase digo tudo que realmente penso.

Quanto a você, leitor ou leitora que tem este livro nas mãos, é possível que logo no início tenha a sensação intuitiva de estar de acordo ou não com uma afirmação tão generalizada. Mas certamente também haverá homens ou mulheres que achem que fui um pouco apressado ao entrar, e ainda por cima sem ser convidado, no território de suas preferências mais íntimas; e que a diversidade de opiniões e interesses não se presta a uma generalização tão radical.

Uma reação dessa natureza demonstraria que, instintivamente, você, de fato, situa essas preferências na própria origem da sexualidade, e acha que ninguém tem o direito de formular no seu lugar julgamentos relativos a preferências tão pessoais.

Para evitar qualquer mal-entendido, devo desde logo esclarecer que o tema central deste livro situa-se num outro nível, que não é o do gosto ou da escolha individual, e que minha abordagem consiste em tentar apreender uma característica e um tipo de comportamento próprios da espécie humana.

Quando falamos de sexualidade, tendemos sempre a limitar o que dizemos à sexualidade humana. Entretanto, quando um biólogo ou um zoólogo analisa objetivamente a grande feira das espécies que vivem ou viveram na Terra, não consegue deixar de constatar que a invenção dos dois sexos, macho e fêmea, é um maravilhoso achado da Natureza para que cada uma dessas espécies trabalhe inconsciente e irresistivelmente pela própria reprodução.

Qualquer que seja a espécie em causa, inclusive a humana, o sexo masculino e o sexo feminino, para poder desempenhar seus respectivos papéis, precisam apresentar sempre estas três características universais:

1. Os dois sexos não devem assemelhar-se. Serão tão diferentes quanto possível.

2. Cada diferença deve ser um sinal de reconhecimento que demonstra automaticamente o sexo daquele que o emite.

3. Quanto mais acentuada for essa diferença, mais magnética será, atraindo o parceiro do sexo oposto.

Esse modo de funcionamento se aplica a todos os animais sexuados que vivem na Terra. Trata-se pura e simplesmente de uma fatalidade biológica, em relação à qual seria extremamente ridículo acreditar que haja um suposto livre-arbítrio dos animais em questão. Por exemplo, ninguém perguntaria se a leoa prefere seu macho com ou sem juba.

Se pudéssemos escrever a história do orgulho humano, perceberíamos que seu fio condutor sempre foi a recusa de reconhecer com modéstia o fato de pertencermos ao reino animal.

E, no entanto, os tempos modernos dinamitaram uma brecha nessa muralha de desprezo, e fomos obrigados a admitir que, de fato, existe uma "natureza humana", que também obedece às leis gerais dos seres vivos.

Nossa espécie, portanto, não é tão diferente e tem seus dois sexos, que certamente funcionaram com a mesma eficácia que nos demais casos, já que, dois milhões de anos depois de sua criação, eu estou aqui, um de seus modestos representantes, para escrever estas linhas. E essa suprema evidência demonstra claramente as diferenças entre os sexos e, principalmente, o poder natural de atração dessas diferenças.

Este livro tem a ambição de deter-se numa dessas diferenças: uma característica bem particular que sempre distinguiu a mulher: as curvas femininas.

Para evitar qualquer confusão e delimitar com a máxima precisão essa característica, devo dizer que não trataremos em momento algum de peso, gordura e menos ainda de obesidade. O peso e a gordura são atributos neutros, sem qualquer incidência de ordem sexual e também existem no homem, na criança e no animal.

Falo das curvas de um arredondado particular, característico da mulher, localizado no quadril, nas coxas, nos seios, no contorno do pescoço e na modelagem do rosto.

Sustento, em virtude de uma das regras mais elementares da vida sexual universal, que essas curvas constituem uma das diferenças que distinguem a fêmea humana; e que são, inclusive, um de seus melhores sinais. E concluo, em função dessa mesma lógica dos seres vivos, que essa característica diferencial só pode ser extremamente atraente.

Se eu considerasse que essa afirmação seria suficiente para os leitores, meu livro caberia apenas nesta página. Entretanto, somos míopes, vivemos com o nariz tão perto do que é evidente que já não o percebemos mais. Então, decidi desenvolver o tema e apresentar as provas.

Para isso, comecei pela exploração de um terreno que ainda está nas mãos dos pesquisadores: o da comunicação não verbal, a única utilizada no resto do mundo animal, e que o homem tenta constantemente renegar sem conseguir.

Convoquei ao banco das testemunhas, então, alguns animais escolhidos deliberadamente entre as espécies que se comunicam de maneira muito expressiva num território sensorial preciso. Os pássaros na esfera sonora, os ratos na do olfato e os peixes no visual. Basta vê-los enquanto se comunicam sexualmente para entender tudo aquilo que devemos a eles.

Entretanto, o que temos em comum com eles não nos deve fazer esquecer o que existe de único na sexualidade de nossa espécie. A mulher demorou muito tempo em deixar para trás sua herança simiesca, e de repente, após mutações providenciais, passou a andar ereta, e tornou-se a única fêmea terrestre que faz amor de frente. Seus seios, quadris e coxas surgiram, e seus pelos desapareceram, para não estragar o espetáculo.

Essa história é a mais bela que conheço. Uma vez revelada, não podemos mais duvidar do papel da curva e do desabrochar femininos; não é mais possível fechar voluntariamente os olhos diante desses atributos mágicos.

Mas ainda faltava explicar o inexplicável. Como foi que, depois de 80 mil gerações de adoradores das curvas, que eram atraídos por elas instantaneamente, duas gerações sucessivas se permitiram recusar semelhante vantagem? Como foi que o tabu das curvas veio a se infiltrar num bastião tão biologicamente protegido?

Devo confessar que não foi fácil. Foi preciso que as forças culturais em combate fossem de uma violência singular; mas tudo aconteceu de maneira oculta e silenciosa. O inconsciente coletivo feminino deve ser completamente à prova de som.

Por maior que seja a tentação, não posso dizer mais por enquanto, revelando aqui mesmo quem eram os protagonistas dessa batalha. Para trazer à superfície os verdadeiros responsáveis, tive de pesquisar profundamente a cultura ocidental, e pude então entender que a atual rejeição das curvas não passava de um dos mecanismos da conspiração que hoje em dia ameaçam reduzir a diferença entre os sexos.

Inconscientemente, nossa civilização abre espaço para palavras de ordem que tendem a feminilizar os homens e a virilizar as mulheres.

Quando uma espécie está suficientemente debilitada para se deixar atrair por padrões tão corrosivos, não é preciso ser muito esperto para pressentir a decadência.

Mas se as mulheres aceitaram a ideia de semelhante amputação, estou longe de pensar que a natureza lhes tenha dado os meios para realizar esse desejo. E os homens sabem perfeitamente que é muito mais frequente que elas sofram do que percam as curvas.

Com eles, e por eles, quero crer que o bom-senso, ou pelo menos o instinto de conservação, jamais impedirá que os homens prefiram as curvas.

Primeira parte

Curvas e natureza

Em 1850, não havia no planeta uma só alma que acreditasse que o homem e o macaco fossem primos.

Hoje, já não é mais possível duvidar, mas é curioso constatar que essa verdade perturbadora foi admitida de maneira abstrata, mais ou menos como uma criança decora uma fórmula matemática reconhecida como autêntica, apenas por ter sido transmitida por um professor respeitado.

Porém, nenhuma consequência desse saber ficou na consciência coletiva. Há apenas alguns pesquisadores, biólogos ou etólogos que investigam a natureza animal do homem e, suas descobertas, parecendo algo diabólicas, são invariavelmente difíceis de expor ao grande público.

O maior de todos esses escândalos só estourou, até agora, no meio muito fechado das ciências humanas, mas contém uma carga tão explosiva que leva pessoas consideradas moderadas e sensatas a se enfrentarem numa autêntica guerra religiosa.

Que escândalo é esse?

Trata-se simplesmente de uma inversão de prioridades. Até o momento, só o espírito tinha um nome humano. Nossa natureza animal e nossos instintos eram considerados vestígios perdidos ante o milagre da inteligência e da língua. Desde o surgimento das religiões e filosofias, essa opinião era tida como a verdade.

A bomba biológica revela, com provas na mão, que aquilo que decide, motiva, fornece razões de viver e de não morrer, aquilo que nos leva a amar, a desejar, a lutar ou a fugir; nossas angústias, nossas emoções, nossas atrações, nossa necessidade de venerar ídolos ou deuses: tudo isso provém pura e simplesmente de nossa natureza animal. O espírito e a razão, maravilhosas ferramentas de adaptação, raramente servem para decidir e muito menos para motivar. Na melhor das hipóteses, permitem-nos entender a nós mesmos e encontrar meios de realizar nossas aspirações. Na pior, servem para camuflá-las ou se opõem a elas.

Essa revelação desconcerta profundamente os espiritualistas que dominavam absolutos as ciências humanas, levando inevitavelmente a angustiantes revisões.

Mas encontra sua melhor ilustração na comunicação sexual. Quando o homem e a mulher saíram da animalidade, não tinham uma linguagem, mas, apesar disso, sua comunicação deve ter sido eficaz, já que ainda estamos aqui para debater a questão. Hoje, falamos de uma maneira tão sofisticada que poderia parecer absurdo terem sido preservadas essas trocas arcaicas.

No entanto, é o que acontece. Quando um homem de hoje se sente atraído por uma mulher, a ponto de se vincular a ela, há um duplo discurso. O discurso inconsciente, que você conhece tão bem quanto eu, é uma vitrine superficial de bons motivos bem-costurados e salpicados de lógica e argumentos decisivos. Porém, é exclusivamente através do discurso oculto, e portanto inconsciente, que entram em ação as forças magnéticas de atração, perfilando-se as escolhas decisivas. Mas é aqui que está o mais perturbador, e quase me envergonho de dizê-lo: essas decisões, às vezes carregadas de consequências, não passam de reações a uma infinidade de sinais biológicos mais ou menos aparentes e percebidos apenas pelos órgãos dos sentidos.

Nem todas essas mensagens são conhecidas atualmente, mas seu levantamento está sendo feito. Eles atuam sobretudo em quatro registros:

- O visual: que percebe as formas, os contrastes, os gestos e os comportamentos mais expressivos.

- O olfativo: com um mundo desconhecido de odores que se revelam mais personalizados que nossas impressões digitais, os biólogos nos asseguram que eles teriam um papel decisivo de fixação e marcação no desenvolvimento do estado amoroso.

- O auditivo: com sua percepção sintética de uma maravilha tão complexa quanto a voz humana, com seu timbre, seu calor e sua carga emocional, explicando, para além de qualquer análise, nossa atração ou repulsa em relação a certas vozes.

- E, finalmente, o tátil: que explica as performances impressionantes da comunicação entre cegos de nascença, e que um dia nos permitirá entender aforismos perturbadores como "Estar na pele de alguém".

Esse coquetel de odores, formas, timbres e texturas pode parecer pouco importante. Mas posso garantir-lhe que é ele que decide, que põe em marcha um processo vital que desembocará no amor, na hipótese, altamente provável nesse caso, de que os respectivos orgasmos dialoguem.

Tudo mais não passa de conversa, de dar razões falsas, álibis. Pode-se falar da boa educação, dos diplomas, da sofisticação da roupa, da inteligência, da cultura, das religiões, das boas maneiras, mas tudo isso nunca levou realmente à decisão. Recorre-se, então, a uma palavra mágica: o "charme". E temos aí a maior e mais inocente confissão. O charme não quer dizer nada, não tem nenhum sentido racional. Expressa simplesmente o fato de que o coquetel surtiu efeito, exatamente onde era necessário. Mas esse charme é discreto, age inconscientemente, entregando de forma pudica as luzes da ribalta e a vitória ao intelecto.

As curvas são precisamente um dos elementos desse coquetel. Acredito inclusive que se trata do ingrediente principal. Só o perfume natural e sexual pode, às vezes, disputar com elas o primeiro lugar.

Mas então, como explicar que nossa civilização ocidental venha há vinte anos impondo um tabu sobre as curvas e um tabu ainda mais rigoroso aos odores? O jeans unissex e o desodorante químico não seriam os símbolos mais evidentes do ressecamento das formas e odores?

Fica difícil escapar à conclusão lógica de que temos aí efetivamente uma autêntica tentativa de sabotagem. Falarei sobre isso na segunda parte do livro. Por enquanto, vou mostrar a você as provas que o convencerão da existência desse famoso coquetel. É o tema do próximo capítulo.

Se você não gosta de animais, seja paciente e leia com atenção as páginas que se seguem. Não se trata de um desvio inútil, pois existe algo de nós mesmos nessas reações instintivas, nessa linguagem não verbal que fornece a chave de nossas pulsões e de nossas motivações fundamentais.

A comunicação não verbal
no mundo animal

Quando um cão balança o rabo, emite um sinal de amizade e bom humor. Esse movimento, que ele é incapaz de controlar, é perfeitamente inconsciente, mas tem um sentido, e se dirigido a um outro cão será percebido como tal. Sem dúvida alguma, o segundo cão reagirá da mesma maneira e os dois acabarão brincando juntos sem agressividade.

Quando um gato balança o rabo, emite um sinal de hostilidade, e a criança que insistir em provocá-lo poderá acabar se arrependendo. Um outro gato, em compensação, o perceberá instintivamente e logo tratará de fugir ou de atacar.

Essas duas reações provam que um mesmo sinal pode assumir diferentes significados de acordo com a convenção própria de cada espécie. Mas elas têm em comum o mesmo modo de funcionamento. De uma extremidade a outra da escala animal, encontramos sempre sinais emissores, chamados de "gatilhos" por Konrad Lorenz, que serão decodificados por re ceptores e estimularão instintos comuns a todas as espécies. Nós não escapamos a essa lógica, e as curvas femininas são uma das mensagens mais expressivas às quais os homens são tentados a reagir.

O repertório sensorial é um outro vínculo universal que compartilhamos com o resto dos seres vivos. À parte algumas raras exceções, tudo aquilo que vive no planeta emite algo para ser captado pelos cinco sentidos. Cada espécie tem suas preferências. O homem escolheu deliberadamente a visão e a audição. O que nos permite ser os senhores do audiovisual. Mas, como nos provam inequivocamente os cegos, também reagimos ao odor, ao tato e ao paladar. Talvez essas possibilidades se tenham em parte atrofiado ao longo de nossa evolução, mas o que delas restou tem sido desacreditado e recalcado. Mas pode ter certeza de que elas continuam funcionando, mesmo contra a nossa vontade.

Neste capítulo, usarei alguns exemplos de animais dotados de uma comunicação limitada a um sentido específico, o que tornará minha demonstração mais precisa. É indispensável que você entenda esse mecanismo, pois quando chegar o momento, ao atravessarmos o imenso rio que separa o homem das outras espécies animais, muitos mistérios se esclarecerão. Será então o momento de ver com novos olhos as curvas femininas, atribuindo-lhes seu verdadeiro significado.

A comunicação olfativa:
a mensagem dos cheiros

O mundo dos odores é único, especialmente para o homem, que tem acesso a ele através das zonas mais arcaicas do seu cérebro.

O senso comum diz que somos desfavorecidos, que nosso olfato é atrofiado. O que em parte é verdade, bastando, para nos convencermos disso, prestar atenção ao desempenho de um cão policial capaz de seguir por quilômetros um bandido em fuga graças a um simples lenço.

Mas o que perdemos quantitativamente ainda existe em nós qualitativamente. O problema é que vivenciamos nossas experiências olfativas em total inconsciência.

Por isso temos, sobre pessoas e situações, impressões que chamamos de instintivas, mas para as quais infelizmente buscamos explicações racionais. Mas é inútil: essas explicações não existem. Uma simpatia por um vizinho, uma atração por uma mulher antes mesmo de ter falado com ela, nada disso pode ser decifrado por nosso cérebro-computador. Desse modo, privados desse poder de explicação que se tornou nossa razão de ser, falamos de simpatia, de charme ou de boa química. O que equivale rigorosamente a não dizer nada, e melhor seria nos calarmos e farejarmos melhor o que nos acontece. Uma expressão simples e eloquente como "sentir algo" nos diz muito mais do que todas essas confissões de ignorância.

Esse poder é mais engenhosamente camuflado em nossas relações sexuais do que em qualquer outra manifestação. É nesse terreno que nosso olfato funciona com mais eficiência; mas, infelizmente, é também aí que nossa educação e nossa cultura nos tornam mais cegos a todas essas mensagens. Digo "cegos" por ser a palavra que vem espontaneamente à mente e que é autorizada pelo uso linguístico, tratando-se dessa perda de informação. A palavra evidencia nosso velho hábito de relegar certos sentidos em favor da nossa "soberana visão".

Não falarei aqui sobre o papel dos odores na escolha do parceiro sexual. Vou desenvolver o tema, mas no momento recorrerei a dois exemplos surpreendentes desse tipo de comunicação no mundo animal. Por mais interessantes que sejam, quero apenas fazê-lo ver de que maneira a coisa pode acontecer nas outras espécies.

São formas preferíveis a qualquer tipo de demonstração, que nos permitem facilmente constatar o que nos resta em comum com esses animais que nunca se envergonharam do próprio olfato.

O irresistível aerossol do bômbix

A fêmea de um certo tipo de borboleta, muito conhecida dos especialistas, pode secretar bombykol, uma molécula química muito simples, que não interessa a nenhuma outra espécie de inseto vivendo no mesmo território. Em sua concentração habitual, o homem nem sequer é capaz de percebê-la. Essa secreção anódina dissemina-se na atmosfera, fazendo estremecer todos os machos que se encontram num raio de alguns quilômetros. Quando o macho recebe esse odor-mensagem, verifica-se nele uma autêntica "orgia de atividade muscular", traindo intensa perturbação. A partir daí, seu único objetivo será percorrer de volta a corrente de ar que lhe trouxe essa mensagem. O percurso na contracorrente de uma leve brisa pode parecer fácil para uma borboleta, mas na verdade é uma verdadeira performance que lembra em forte analogia a dos salmões de água doce, peixes gordurosos bem conhecidos que perdem, nesse combate contra a corrente, boa parte de suas reservas.

Uma das características desse comportamento é que o macho, em sua obstinação contra o vento, não viu a fêmea emissora. Ele não sabe o que o leva a enfrentar semelhante adversidade. Sequer sabe que está sob o efeito de uma mensagem química. Ele voa com todas as suas energias, levado pelo cheiro cada vez mais acentuado do bombykol, cuja concentração aumenta de acordo com a sua aproximação da fêmea emissora.

E por sinal, ele nunca é o único a não resistir ao poderoso odor. Por mais distante que seja a origem da mensagem, os machos acorrem, sem saber o que os espera.

As borboletas não têm a sorte de contar com uma consciência, mas ainda que tivessem, provavelmente não saberiam por que e aonde se dirigem com tanta impaciência.

Então, façamos essa experiência, atribuindo-lhes por um momento nossas possibilidades de raciocínio altamente sofisticado. Elas não teriam a menor dificuldade de encontrar bons motivos para essa intensa necessidade de esforço físico. Muitos desses machos poderiam dizer que precisaram praticar esportes, outros, o prazer das viagens e da descoberta. Finalmente, estou convencido de que muitos deles não hesitariam em invocar um conceito tão destituído de sentido quanto "o gosto da ação".

Passei sem transição da borboleta ao homem, pois nossa recusa em admitir esse tipo de mensagem e muitas outras, igualmente naturais, nos leva a inventar mentiras racionais e álibis que desmoronam como castelos de cartas, de forma ridícula, quando se conhece a simples e prosaica verdade.

Nossa borboleta macho, no fim do caminho, acreditando estar correndo apenas pelo prazer, acabará de fato chegando ao destino.

Lá, entre centenas de outros machos, encontrará a fêmea cujo odor, levado pelos ventos, serviu como gatilho natural de uma pulsão comum a todas as espécies. Para ele, contudo, se ainda conservasse por um momento o poder de raciocínio que lhe atribuímos, se trataria do maior dos acasos, ou da mais extraordinária das coincidências.

Daí a se falar de encontro predestinado, de sentimentos premonitórios e outras balelas que estamos acostumados a ouvir em nossa espécie seria apenas um passo, mas eu gosto muito das borboletas brancas para envolvê-las em nossas loucuras.

"Calculou-se que, se uma única fêmea de borboleta liberasse de uma só vez todo o bombykol que traz em si, poderia atrair teoricamente mais de um bilhão de machos." Naturalmente, não é o que acontece, pois desse modo a espécie logo se extinguiria, vítima da virilidade opressora dos machos.

O universo odorante dos ratos

O exemplo da borboleta literalmente envolvida sexualmente pelo odor de sua amada é a melhor ilustração possível da comunicação olfativa. Mas poderiam nos responder que esse animalzinho não passa de um inseto, e que estamos muito distantes dele no caminho da evolução.

Contornando essa objeção, escolhi os ratos, autênticos mamíferos, para rematar a conscientização desse tipo de comunicação.

Os ratos são uma das espécies mais inquietantes e cruéis que existem no planeta. Compartilham com o homem o sinistro privilégio de considerar como inimigos os que não pertencem a seu grupo e matá-los sem a menor inibição em caso de conflito.

Os ratos vivem em bandos numerosos, em geral provenientes da multiplicação de uma só família; desse modo, todos os seus membros são aparentados, vivendo entre eles uma vida de extremo pacifismo. As diferentes mães reúnem suas ninhadas no mesmo ninho e, aparentemente, não reconhecem os filhos. Não existe um chefe nem mesmo uma hierarquia no interior da superfamília.

Prevalece uma perfeita calma, nunca havendo combates entre os membros desse clã. O alimento é caçado em comum e partilhado igualmente. Não existe sequer uma luta séria pela posse das fêmeas, que não pertencem a ninguém, sendo total a promiscuidade sexual.

Se tentarmos entender qual é a razão profunda dessa bela harmonia, desse pacifismo, constatamos — e é aqui o que nos interessa — que o que mantém coesa essa sociedade é o odor. Com efeito, os ratos de um grupo não se reconhecem individualmente, não distinguem a mãe, os irmãos ou as irmãs e, menos ainda, o pai. Mas o que sabem instintivamente é que são todos do mesmo grupo, e não se trata de algo que compreendam, simplesmente o sentem com seu grande focinho, pois dentro do clã têm o hábito de misturar suas secreções, tocando-se e marcando o território comum com a urina e os excrementos.

Eles também se marcam urinando uns nos outros, e essa troca permanente gera um coquetel superodorante no qual eles se sentem seguros e levam uma vida calma.

Nessa tranquila colônia onde reina o odor de família, é inevitável que aconteça um drama quando um rato estranho se perde nesse território. O que os ratos são capazes de fazer nesse momento supera em horror tudo o que podemos observar nos animais. O rato estranho pode passear por alguns instantes, até se aproximar o suficiente de um deles para que seu odor diferente seja detectado. O odor estranho atua como um poderoso sinal que desencadeia "um grito estridente" e satânico, retomado em coro pelos membros da tribo. A partir daí, com os olhos saltados de excitação, os pelos eriçados, todos os ratos se atiram sobre o recém-chegado, entregando-se a um linchamento particularmente atroz.

O que de melhor pode acontecer a esse pobre rato perdido é que ele morra de medo por efeito de um choque nervoso, como muitas vezes tem sido observado. Caso contrário, será literalmente dilacerado vivo, assediado e mordido por todos os lados. "É raro podermos ver com tanta clareza na expressão de um animal o desespero, o pânico e ao mesmo tempo a certeza de uma morte terrível e inevitável." O fascínio de tal situação o impede até de se defender, embora em qualquer outra situação o rato possa ser muito agressivo e terrivelmente perigoso.

Para se convencer de quê o odor era o único fator dessa rápida detecção, Eibesfeldt separou um rato de sua comunidade e o lavou até despi-lo de qualquer mensagem odorífera. Após esse banho aparentemente inofensivo, ele foi devolvido ao seu território, e a ausência do odor protetor imediatamente o colocou fora da lei. Ele só escapou de uma morte terrível graças à intervenção do pesquisador.

Esse mesmo rato, lambuzado com um pouco de terra e alguns galhos apanhados no ninho do cercado, rapidamente recuperou o odor da família e, devolvido ao seu território, mesmo depois de várias semanas de ausência, foi aceito sem qualquer problema.

Os ratos vivem, portanto, num mundo de odores em que os alimentos, a sexualidade, a vida e a morte dependem de algumas moléculas químicas a mais ou a menos, detectadas sem a menor possibilidade de erro por seu enorme focinho e inquietante radar. Seus outros sentidos certamente também funcionam, fornecendo-lhes outras informações, mas o olfato assumiu o poder e domina tiranicamente grande parte de sua comunicação.

A comunicação auditiva entre os pássaros

Os pássaros muitas vezes se expressam entre eles por sinais sonoros. Quem não conhece os pios, gorjeios, silvos e arrulhos de rouxinóis, sabiás e pombos?

Todos esses sons transmitem mensagens, nada devendo ao acaso. Os criadores de pássaros e especialistas do comportamento animal não o ignoram: o cocoricó do galo num galinheiro é cheio de significados para as galinhas que o cercam.

O exemplo que escolhi para ilustrar mais intensamente essa comunicação auditiva envolve o peru e seus filhotes.

Wolfgang e Margaret Schleidt, assistentes do professor K. Lorenz, trabalhavam com perus que tinham sido tornados surdos para outra experiência completamente diferente. Esses perus, ainda dotados de audição, tinham um comportamento sexual e social perfeitamente normal. Tiveram assim a possibilidade de pôr e chocar seus ovos. "Mas quando os filhotes nasceram, o comportamento maternal dessas fêmeas revelou-se perturbado de forma absolutamente dramática. Todos os perus surdos mataram os filhos com os bicos, sem qualquer hesitação, imediatamente depois do nascimento."

A observação de um comportamento tão anormal levou os pesquisadores a acreditarem que, no estado normal, a única comunicação possível entre o peru fêmea e seus filhotes deve ser auditiva.

Um peru normal, que acaba de chocar ovos e vê surgir pela primeira vez um pintinho peludo, ainda não sabe que esse é seu filhote. Como todos os perus, durante o período de chocagem, seu estado hormonal o torna particularmente agressivo em relação ao que acontece em seu campo visual, e ele ataca todos os objetos que se movem nas proximidades do ninho. Ele se mostrará igualmente feroz com um hamster, um gato, um gambá ou com seu próprio filhote.

Entretanto, quando esse filhote vê a mãe investindo contra ele, instintivamente emite o pio característico de sua espécie, e é esse pequeno grito que imediatamente desarma a agressividade da mãe, desencadeando seu comportamento maternal. Subitamente, o peru reage a esse pio com um cacarejo de "pilotagem", e, em vez de atacá-lo, começa a cuidar do filhote.

Para confirmar essa observação, basta mostrar um filhote empalhado, puxado por um fio de náilon, para que o peru fêmea imediatamente o ataque com ferocidade. Um gambá empalhado terá a mesma sorte, mas se sob o seu ventre for instalado um pequeno transistor transmitindo uma gravação de pio de filhote de peru, o peru, curiosamente, tratará o gambá empalhado com todas as manifestações do comportamento materno.

"É realmente impressionante observar como esse peru, que reage exclusivamente com bicadas ao filhote mudo, se agacha com cacarejos maternais para receber sob a asa um bebê gambá ganindo."

Essas experiências são muito significativas e trazem ensinamentos. Elas nos mostram que o peru, de fato, tem um comportamento maternal, mas que esse comportamento só é desencadeado se ele ouve o pio específico do filhote. Veremos adiante como a mãe humana reage de forma parecida diante dos sorrisos reflexos de seu filho. Trata-se da comunicação animal não verbal típica. Estamos aqui muito longe das análises históricas e culturais da Sra. Badinter.

Os sinais visuais estimuladores

Chegamos enfim a um terreno sensorial no qual não precisamos invejar ninguém. Provavelmente existem poucos animais com acuidade visual superior à nossa. Além disso, desde a infância aprendemos a aperfeiçoar nosso reconhecimento das formas e das cores. A escrita, as artes gráficas e pictóricas, o cinema, as histórias em quadrinhos e a televisão funcionam todos como solicitações de nosso sistema de percepção, afetando, atualmente, crianças cada vez menores.

Exatamente por sermos tão familiarizados com o que é visual é que escolhi esse terreno para aprofundar a diferença existente entre a comunicação animal e a comunicação humana.

Essa diferença está no cerne da minha demonstração, que acabará, passo a passo, por lhe provar como e por que "os homens preferem as curvas". Como pode ver, não estou perdendo o rumo e mantenho bem firme na lembrança o fio condutor deste livro.

A incrível descoberta de MacLean

Tenho um fraco particular por esse estranho cientista que é o neurobiólogo americano MacLean. Pai da "teoria dos três cérebros", ele é também o responsável pelo estalo que se verificou em mim após sua leitura, e não consigo me impedir de pensar que sua descoberta está no topo e organiza tudo aquilo que muitos cientistas colecionam diariamente com paciência em seus respectivos terrenos.

MacLean é um especialista em sistema nervoso e passou uma parte da vida dissecando crânios e observando cérebros humanos e animais, com um senso agudo de observação.

O sistema nervoso é um órgão que permite coletar todas as informações fornecidas pelo mundo circundante e desencadear os comportamentos mais adaptados à sobrevivência e à reprodução. Trata-se do maestro sem o qual não passaríamos de honestas plantas verdes.

Como todo biólogo, MacLean sabia que, subindo na escala animal, os cérebros tornavam-se cada vez maiores e mais complexos, o que explicava o enriquecimento paralelo de seu desempenho. Mas, ao estudar esses diferentes cérebros, ele teve sua primeira revelação.

MacLean constatou que a natureza, em vez de inovar, inventando para cada grande escalão um cérebro completamente diferente, limitava-se a conservar o antigo, acrescentando-lhe uma nova camada, ou antes, um novo nível. Isso permitia aos herdeiros aspirar a performances muito superiores. Com isso, no entanto, e é aí que reside o interesse dessa descoberta, o antigo cérebro continuava existindo e funcionando da mesma maneira. Nós, seres humanos, somos a expressão suprema da evolução do sistema nervoso, e nessa condição possuímos sob o crânio todos os cérebros superpostos constituídos antes de nós.

1 – Temos, assim, num nível muito profundo, um primeiro cérebro arcaico, que já tinha sido oferecido pela natureza ao réptil. Aquilo que podemos fazer com ele, os dinossauros já o faziam centenas de milhões de anos antes de nós, assim como a lagarta atual.

Nessa zona encontra-se o que nos incita a viver e a nos reproduzir. Se formos tomados por uma estranha vontade de morrer, a resistência virá dessa pequena massa cinzenta bem-camuflada. É o patamar primitivo da nossa razão de ser. Se o tivesse imaginado, Camus talvez não tivesse filosofado da mesma maneira sobre o absurdo da vida. Quando nos debatemos como pobres diabos para beber e comer, quando combatemos com convicção ou quando temos medo, é também aí que tudo se organiza e se desencadeia.

E se uma força incompreensível nos avisa que estamos na presença de uma fêmea, é também a ele que devemos. O odor, as curvas, a consistência de um peito ou dos quadris, o impacto de um pedido feminino de proteção, o *tchan* de uma pupila se dilatando, a perturbação de uma mãe ante o primeiro sorriso do filho; a necessidade incontrolável de se sentir pequenino diante de um personagem, o senso da hierarquia e o respeito grotesco diante de um dominante são sinais aos quais lagartos, pássaros, lobos e homens reagem da mesma maneira, levando-se em conta, naturalmente, particularidades de cada espécie.

Nesse nível, tudo é desencadeado na maior inconsciência e sem a mais leve sombra de emoção. Um estímulo — um estalo — uma resposta. É assim que vive até hoje o lagarto, animal de sangue frio.

2 – A esse velho cérebro reptiliano, que poderíamos comparar a uma bola de sorvete pousada numa casquinha, foi acrescentada uma segunda camada, um novo cérebro que surgiu com os mamíferos, à maneira de uma segunda bola de sorvete sobreposta à primeira.

Com ele, entramos no terreno das emoções. E o que com ele fazemos já era feito por um pequeno roedor como o castor dezenas de milhões de anos antes de nós.

A partir de agora, cada mensagem que nos chega não só desencadeia uma resposta eficaz como vem a ser colorida e enriquecida por emoções. Entretanto, e este detalhe é de extrema importância, essas emoções ainda não são conscientes. Também aqui, trata-se de reações adaptadas à sobrevivência. Diante de um inimigo, nosso coração começa a bater com rapidez, nossos pelos se eriçam, nossos olhos se dilatam, o sangue sobe ao rosto. Todas essas modificações são úteis para o combate que vai começar.

É o que acontece quando um artista entra em cena. O medo do palco que ele sente não passa da percepção da agitação interna que o prepara para entrar em combate. Se ele treme, é porque lhe chegam imensas reservas de energia que ele não utiliza. O lagarto nunca treme, seu coração é calmo; o rato e o lobo palpitam de emoção, mas sem ter consciência disso. Só o homem conhece seus terrores e alegrias.

É nesse cérebro que surgem nossos afetos e as emoções ligadas à dependência maternal, e mais tarde ao amor. Os apertos no coração, a garganta presa, as mãos úmidas, os desejos ardentes, o vazio no estômago, as pernas bambas, a cabeça quente, a boca seca, a voz rouca, a cólica, os desmaios de alegria ou medo, o choro, o riso, os calafrios, tudo isso é causado pelo funcionamento do segundo cérebro. Mas também é nele que guardamos na memória nossas experiências emotivas. Quando Proust lembra-se da infância ao saborear uma *madeleine*, ou quando um adulto ainda sente medo do escuro ou se recusa a nadar, é que essas experiências desagradáveis deixaram um traço emocional muito intenso nesse pequeno território.

O sonho também é acompanhado de uma violenta carga emocional, que explode tanto nos nossos pesadelos quanto nos do gato. E muitas drogas conhecidas hoje como "tranquilizantes" têm acesso direto ao substrato de ansiedade de nossos comportamentos.

Finalmente, voltando ao que nos interessa particularmente, as curvas, percebidas tátil e visualmente, o odor e muitos outros estímulos de ordem sexual desencadeiam em nós emoções que não podemos controlar.

3 – O terceiro cérebro ou neocórtex, finalmente, assemelha-se a um manto cobrindo o conjunto. É a mais recente aquisição do sistema nervoso. Modesto no gato e no cão, ele se enriquece no macaco e culmina no homem. É o cérebro do raciocínio, da linguagem, da leitura e da escrita, da lógica e das matemáticas.

"Pai da invenção e mãe do pensamento abstrato, é o provedor das ideias e da cultura."

Por mais rico que seja, no entanto, trata-se apenas de um computador de espantosa complexidade. Em si mesmo, não tem o menor calor nem, sobretudo, qualquer poder de decisão, e é aí que está o mal-entendido mais repleto de complicações jamais conhecido pelo homem.

O drama desses três cérebros reside no fato de falarem três línguas diferentes debaixo do mesmo teto.

O primeiro capta mensagens que se dirigem aos instintos e responde com decisões adequadas. É ele que decide a respeito de tudo que afeta a sobrevivência, ou seja, tudo que confere sentido à nossa existência. Se você quiser saber o que nos faz correr para a mulher, a riqueza ou o poder, não precisa procurar muito: tudo isso acontece na altura das sobrancelhas.

O segundo dá cor e calor a nossos comportamentos. É o gênio do efeito e da extroversão, aquilo que fazia a diferença aparente entre dois grandes nomes do tênis: Björn Borg e John McEnroe. O primeiro, um grande viking frio, enigmático mas eficiente, talvez tivesse a aparência de um extraterrestre, mas jogava como um lagarto, e por isso era tão impressionante. O segundo, um irlandês ruivo e briguento, palpitava, rangia os dentes, fulminante e encolerizado, parecendo comandado pelo segundo cérebro.

O terceiro, aquele no qual depositamos toda a nossa humanidade, não decide nada, não tem calor algum, mas quer explicar tudo. Se entende maravilhosamente o que acontece ao nosso redor, é totalmente incompetente em tudo que diz respeito aos dois outros cérebros, vale dizer, o essencial. E então — e é aí que se revela um dos dramas da natureza humana —, abusa do seu poder. Acostumado a analisar tudo, desmontar, elucidar, ele fica perdido diante do que não compreende. Procura e acaba encontrando razões para nossos comportamentos, nossas decisões e nossas emoções. Às vezes acerta, mas quase sempre se engana e inventa falsas razões para justificar impulsos que têm outra origem.

Para concluir essa teoria dos três cérebros, voltando diretamente ao nosso tema, sustento que um macho da nossa espécie, de pé diante de sua fêmea, perceberá a forma dos seus seios, o contorno dos seus olhos e lábios, o triângulo de seus pelos pubianos nitidamente desenhado num corpo completamente sem pelos, o arredondado característico de suas coxas e quadris. Respirará o odor da sua pele, do seu pescoço, das suas axilas, e perceberá, pelo contato direto, a textura e a plenitude elástica da sua bacia e do seu busto.

Todas essas sensações serão sentidas graças aos seus órgãos dos sentidos, e essas mensagens chegarão simultaneamente aos três cérebros. O primeiro reagirá com uma pulsão sexual que o levará a tomar posse desse corpo. O segundo desencadeará uma emoção sexual que vai perturbar seus ritmos circulatórios, respiratórios, acelerando seu coração, facilitando o esforço que ele se prepara para fazer. Mas, ao mesmo tempo, essas mensagens irromperão no cérebro em que reside a consciência, totalmente estranha à linguagem dos instintos e emoções, no entanto tão necessários à sobrevivência.

Lá, eles se defrontarão com os arquétipos culturais da sociedade em que ele vive; e se as palavras de ordem em vigor infelizmente privilegiarem a ausência de formas ou odores, surgirá um conflito entre o cérebro arcaico e o novo cérebro, um conflito entre o selvagem e a máquina, entre a natureza e a cultura, entre o consciente e o inconsciente, o qual, como todos sabemos desde Freud, vai desembocar na neurose ou na sublimação. Mas examinaremos essa questão detalhadamente mais adiante, tratando dos meios de remediá-la e tentando harmonizar o cultural e o natural.

Por enquanto, precisamos nos impregnar um pouco mais das possibilidades da comunicação animal, de tal maneira que não tenhamos mais nenhuma dúvida sobre seu funcionamento e sobre aquilo que ela pode desencadear em nós.

Os dois exemplos que escolhi para ilustrar os sinais visuais desencadeadores provêm, dessa vez, do mundo dos peixes.

O esgana-gata e o peixe-beta são dois maravilhosos peixes cuja sexualidade é um modelo de perfeição e beleza.

Esses dois peixes são talvez os mais agressivos de todo o mundo aquático. E, guardadas as proporções, sua violência supera em intensidade a dos tubarões mais devastadores.

Os tailandeses, povo amante da violência e dos jogos por dinheiro, ainda organizam regularmente combates durante os quais apostam nesses peixes rivais.

A sexualidade desses peixes, como veremos, é desencadeada, regulada e dirigida por sinais visuais referentes a cores, formas e movimentos expressivos. Finalmente, como mais uma curiosidade, esses dois peixes, terror dos aquários, são pais modelos, montam eles próprios seus ninhos e expulsam as fêmeas para cuidarem sozinhos dos ovos e dos filhotes.

O grande desfile colorido do esgana-gata

O esgana-gata é um peixinho de água doce que vive em grupos. Ao chegar a temporada de reprodução, o macho se isola e busca um território. Sua escolha recairá numa zona de solo macio onde ele possa facilmente construir seu ninho.

Quando ele a encontra, sua aparência muda de cor, tornando-se mais viva. Essa primeira modificação é um sinal de agressividade, isso é necessário porque o esgana-gata terá de impressionar e afastar os outros machos do seu cardume, que, assim como ele, procuram se estabelecer.

Se um outro macho aparecer sem intenção, tentando penetrar seu território, suas cores se inflamam e seu corpo assume a "postura de ameaça". Esses sinais, traduzindo sua emoção e sua atitude agressiva, geralmente provocam no intruso a reação de fugir ou se afastar, sem gerar uma luta.

Mas se o outro macho insistir, vem o combate. Os esgana-gatas atacam de repente e com tal agilidade que a luta não pode ser acompanhada a olho nu. Quase sempre, aquele que nada tem a defender é que se sai pior, e, sentindo instintivamente uma agressividade maior e mais violenta que a sua, trata de fugir para não ser dilacerado.

Depois de vários combates, seu território não será mais contestado e ele poderá então começar a construir o ninho. Este é feito instintivamente, sem qualquer aprendizado, cavando o solo de maneira a criar um pequeno túnel estreito onde serão depositados os ovos.

Uma vez concluído o ninho, começa a fase que nos interessa. É o grande balé do desfile nupcial, um fogo de artifício de cores e formas, no qual o macho e a fêmea se comunicam exclusivamente por sinais desencadeadores visuais. E essa comunicação, que se estabelece graças ao velho cérebro instintivo, leva à fecundação dos ovos.

Desse modo, nesse momento, as cores do macho se inflamam totalmente, seu dorso fica de um azul-esverdeado iridescente, seus olhos, de um esmeralda brilhante, e sobretudo os flancos e o ventre reluzem num vermelho ardente.

As fêmeas, enquanto isso, amadurecem os óvulos, deslocam-se em grupo e passam perto do território dos machos.

O primeiro sinal visual desencadeador é gerado pela fêmea, especialmente através do seu "ventre inflado". Essa configuração é particularmente expressiva quando a fêmea está pronta para pôr os ovos, induzindo no macho um comportamento de exibição e corte muito particular.

O macho executa então uma dança "em zigue-zague", com numerosas idas e vindas: ele finge afastar-se e volta bruscamente, de boca aberta. Essa dança, associada ao ventre vermelho, constitui um outro estímulo sexual, atraindo violentamente a fêmea, que vai até o macho. Este, com todo esse jogo, a atrai progressivamente para o ninho; chegando diante da entrada do túnel que abriu com tanto cuidado, ele finge que vai entrar e sai. Esse gesto também é um sinal, que vai levar a fêmea a fazer o mesmo, e depois de várias tentativas ela se introduz completamente no ninho, deixando para fora apenas a cabeça e a cauda.

O macho encosta então a boca na base da cauda da fêmea e começa a tremer violentamente. Essa mensagem de origem tátil é indispensável para o prosseguimento das operações. Sem ela, tudo para. As vibrações e a fricção desencadeiam automaticamente a expulsão dos ovos. Quando a fêmea deixa o ninho, o macho por sua vez penetra nele. Nesse momento intervém um sinal olfativo ou químico proveniente do líquido no qual os ovos foram postos. Esse odor age de maneira reflexiva, desencadeando a liberação do sêmen e a fecundação dos ovos.

O macho sai rapidamente do ninho e imediatamente expulsa a fêmea de seu território. Com seu instinto sexual aplacado pela liberação do sêmen, e sem as excitações ligadas ao inchaço do abdômen da fêmea, sua agressividade volta à tona. Nesse momento, ele não tem mais lembrança alguma nem consciência do que acaba de acontecer, atacando violentamente tudo que possa ameaçar os ovos fecundados.

Esse exemplo nos interessa por proporcionar novos sinais que não conhecíamos, permitindo-nos ver pela primeira vez o sinal desencadeador representado pela plenitude e o inchaço de determinada parte do corpo. O ventre liso o deixa indiferente, mas o inchaço, essa curva plena e consistente, estimula e dá início ao desfile sexual.

A cor vermelha afrodisíaca do macho também é uma novidade para nós. E é curioso constatar que essa superfície colorida pode ser encontrada de maneira absolutamente idêntica numa outra espécie muito distante: o pintarroxo, no qual a vermelhidão do peito e da garganta dos machos desencadeia a mesma atração sexual.

As fêmeas dessa espécie de pássaro normalmente têm o peito cinzento, mas, quando as plumas dessa região são pintadas de vermelho, constata-se uma submissão quase sexual das outras fêmeas, que reagem a esse sinal sem qualquer consciência da mistificação.

Beta, o machão dos rios

Também é um peixe de água doce de pequeno porte, mas de disposição excessivamente agressiva. Não vou me deter aqui na formação do ninho e no resto do processo de fecundação. Este exemplo nos trará um único sinal que ainda não conhecíamos, mas que é muito importante, pois abre o caminho da sexualidade que conduz até o homem.

Fique atento a esse sinal, pois ele aparece pela primeira vez nos peixes e será novamente encontrado ao longo de toda a cadeia animal. O próprio homem, sem sabê-lo, ainda reage a esse misterioso desencadeador.

O beta, ao contrário do esgana-gata, não é um animal que apregoe orgulhosamente o sexo através das cores. Não temos aqui vermelho ardente nem verde-esmeralda; no máximo, algumas manchas luminosas e alguns brilhos iridescentes nas barbatanas. Em tais condições, os especialistas do comportamento animal se perguntaram durante muito tempo como um macho dessa espécie podia reconhecer a fêmea.

Uma aluna de Konrad Lorenz, Béatrice Oehlert, que estudou esses peixes durante muito tempo, acabou, com muita paciência, por descobrir o misterioso emissor.

Quando o beta macho, terror das águas, surpreende um peixe de sua espécie entrando em seu território, ainda não sabe com quem está lidando. Ele é movido exclusivamente por sua agressividade em direção ao importuno. Diante dele, vai adotar a "atitude de dominação", através da qual o animal se gaba e tenta parecer o mais assustador possível. "A exibição espetacular das barbatanas é tão súbita e intensa que quase temos a impressão de ouvir o ruído de um guarda-sol sendo aberto repentinamente."

Essa postura é um sinal de força e autoconfiança. Se ele tem diante de si um outro macho, esse último reagirá com a mesma demonstração de força. À ameaça, ele responde com outra ameaça, e podemos apostar que logo terá início um confronto que acabará quase sempre na morte de um dos adversários.

Se for uma fêmea pronta para o acasalamento, ela reagirá com uma atitude e um comportamento imediatamente suscetíveis de identificar seu sexo. Em vez de se vangloriar, como faria um macho, ela rapidamente se retrai, recolhendo as barbatanas e mostrando-se vulnerável. Além disso, aproxima-se sem movimentos bruscos, com suavidade e timidez.

Em todos esses movimentos, podemos detectar uma mistura de atração e medo de grande valor expressivo, à qual se dá o nome de "comportamento de recato".

Konrad Lorenz resume bem a situação, dizendo que no macho não é possível qualquer compromisso entre o medo e a sexualidade. Se a fêmea lhe inspirar o mais leve medo, sua sexualidade será completamente aniquilada. Em compensação, a fêmea que respeita "tão pouco o parceiro que sua agressividade não é completamente eliminada, revela-se incapaz de reagir sexualmente a ele".

Desse modo, surge pela primeira vez uma noção fundamental que está sempre presente na sexualidade animal: a potência, a impetuosidade e a arrogância são características associadas à sexualidade do macho. É o que chamamos, em nossa espécie, de virilidade.

A suavidade, a graça e a vulnerabilidade são associadas à sexualidade da mulher. Teríamos, inclusive, a tendência de lhe dar o nome de feminilidade.

Virilidade e feminilidade representam dois polos de comportamento completamente opostos em suas manifestações. São o norte e o sul da sexualidade. Qualquer tentativa de aproximá-los ou atenuar seu antagonismo será a maneira mais certa de fazer com que desapareçam suas forças de atração, gerando impotência e frigidez.

A comunicação não verbal do homem

Acabamos de percorrer o maravilhoso mundo da comunicação animal. Não voltaremos, portanto, ao tema neste livro, exceto para falar da herança que eles nos legaram e que provavelmente, sem que o soubéssemos, nos permitiu estar aqui hoje em dia.

Antes do aparecimento de nossa espécie na Terra, todos os seres vivos se comunicavam apenas pela troca de sinais sensoriais, permitindo que os instintos garantissem perfeitamente a vida e a reprodução.

Chegou o homem e deu-se o milagre que nos permitiu adquirir uma segunda linguagem: o discurso consciente.

Mas esse presente, que abria perspectivas só parcialmente descortinadas até hoje, não eliminava em absoluto o modo de comunicação que compartilhávamos com o resto dos seres vivos. Muito pelo contrário, e a natureza, apesar de generosa, tinha previsto nossa ingratidão, fixando para todo sempre nas trevas de nosso inconsciente as regras fundamentais de nossa existência e sobrevivência.

É indiscutível que a fala nos permitiu dar um passo de gigante em nossas possibilidades de expressão, mas a riqueza e a autonomia dessa linguagem são de tal ordem que ela ocupa completamente o campo do consciente, relegando nossa comunicação arcaica a um inconsciente totalmente inacessível, e junto com ela as realidades básicas da natureza humana. O que nos leva ao surpreendente paradoxo pelo qual podemos falar pelo simples prazer de nos ouvir ou, o que é pior, para camuflar ou encontrar um álibi para nossas verdadeiras motivações instintivas.

O terreno sexual é aquele que garante com maior certeza a continuidade da espécie. À parte os bebês de proveta, ainda não encontramos melhor maneira de nos reproduzir.

Ante a importância do que está em jogo, nossos instintos e nossa comunicação animal, em posição de recuo na maioria dos outros setores, puderam resistir muito bem nesse terreno. Freud foi um dos primeiros a insistir nesse papel oculto e inconsciente de nossa libido.

Hoje, apesar das reações causadas por essa teoria, que na época pareceu escandalosa, ninguém mais teria coragem de negar que ainda existe em nós uma poderosa pulsão sexual.

O que já não é tão frequentemente reconhecido, sendo de certa forma o tema deste livro, é que esse instinto sexual derivado da animalidade precisa, para se expressar e se fixar, de todo um repertório de sinais desencadeadores. Alguns desses sinais, as curvas dos quadris, da bacia e das coxas, a firmeza, o busto, numa palavra, as curvas femininas, são desencadeadores típicos, mas infelizmente inconscientes, do nosso instinto sexual.

Desprestigiados há muito tempo por uma cultura e por modas aberrantes, esses sinais magnéticos se chocam com um anteparo cultural, e o choque dessa recusa repercute na harmonia do nosso comportamento, perturbando-nos inconscientemente.

Tratarei da questão em detalhes nos próximos capítulos. Aqui, gostaria, para concluir brevemente, de dar dois exemplos da comunicação primitiva no homem. Escolhi deliberadamente a criança que não fala ainda, para estar certo de eliminar completamente o papel da linguagem, e os cegos, para os quais a luz, as formas e as cores desapareceram para sempre.

O sorriso natural: um desencadeador de instinto maternal

Ao nascer, o bebê humano não enxerga bem. Sua visão torna-se mais focada depois de algumas semanas de amadurecimento.

Spitz, neuropsicanalista célebre por seus trabalhos sobre o comportamento afetivo da criança, foi o primeiro a descobrir que o sorriso era um reflexo natural, manifestando-se por volta da sétima semana após o nascimento. Antes dele, acreditava-se que essa expressão exclusivamente humana era invariavelmente adquirida, e que nós a desenvolvíamos por imitação, no contato com os pais.

Para desencadear esse reflexo, basta posicionar um rosto humano diante do berço do bebê, à distância ideal de um metro. A criança reage sempre da mesma maneira, quaisquer que sejam o sexo, a idade ou a raça do rosto.

Intrigado por sua descoberta, Spitz quis saber mais sobre as partes do rosto que desencadeavam esse reflexo. Trabalhou pacientemente com um grande número de crianças, e observou que o sorriso desaparecia se a pessoa estivesse de perfil. Concluiu daí que os dois olhos deviam ser indispensáveis. Para confirmar isso, usou a técnica do engano, essencial para o biólogo Tinbergen. Confeccionou, assim, máscaras nas quais faltava sempre um só dos elementos do rosto humano, chegando à conclusão de que os dois olhos, as arcadas das sobrancelhas e o nariz constituíam a base invariavelmente necessária para a obtenção do sorriso reflexo.

A boca, a raiz dos cabelos e as orelhas não eram indispensáveis. Tratava-se efetivamente, portanto, de uma configuração específica, para a qual já somos programados antes do nascimento. Eibl Eibesfeldt, especialista do comportamento humano, confirmou essa teoria de maneira singular, trabalhando com crianças que nasceram surdas, mudas e cegas, para as quais, naturalmente, é impossível qualquer aprendizado visual.

Ele conseguiu provar, graças a filmes comoventes, que o sorriso era de fato um reflexo natural não adquirido. Ele se manifesta nesse tipo de criança, mesmo com a ausência de um desencadeador natural, por motivos que bem conhecemos em biologia do comportamento. Quando um reflexo natural não é solicitado por certo período, ele obrigatoriamente se exterioriza em resposta a outros estímulos paralelos.

Essas crianças, que jamais poderão ver um rosto humano, acabam por sorrir em reação à carícia suave do corpo e do pescoço. Essas mesmas crianças, sem acesso à imitação, vão muito além do sorriso. Quando são irritadas por um estímulo desagradável e ficam com raiva, elas choram, batem o pé, cerram os punhos e contraem o rosto, mostrando-nos assim que todas essas manifestações motoras são inatas e não precisam ser aprendidas.

Voltemos ao sorriso para tentar entender de que maneira ele serve de desencadeador de algum tipo de comunicação. A natureza nunca cria um padrão motor tão complexo sem motivo. O sorriso tem um alvo, destina-se a ser recebido pela pessoa que está ali, diante dele, uma vez chegada a sétima semana; e essa pessoa é quase sempre a mãe. O rosto da criança que sorri desencadeia nela um comportamento de proteção e enternecimento que é o início de um vínculo que vai se instaurar profundamente, por toda a vida.

O instinto materno existe na mulher, mas, como todo instinto, precisa ser desencadeado e cultivado, e o sorriso inconsciente e reflexo do bebê é um desses desencadeadores. Provavelmente existem muitos outros. O choro do bebê, seus gestos desajeitados, a forma arredondada e desproporcional de sua cabeça e especialmente dos olhos e da testa são emissores que atualmente os especialistas tentam decifrar. Ainda é muito cedo para afirmar categoricamente, mas já existem fortes suspeitas em favor dessa hipótese.

Seja como for, o sorriso em si já mostrou a que veio e certamente faz parte de nossa comunicação instintiva. Após o sétimo mês, ele vai além do seu papel de simples reflexo, e a criança passa a se valer dele de maneira muito mais seletiva. Ela já não reage a qualquer rosto, mas antes de mais nada ao da mãe, depois ao do pai e, aos poucos, a todos os rostos que lhe sejam familiares e que ela ame. Mais tarde, em completa maturidade, o sorriso assumirá sua plena função humana, que é de atrair a simpatia do outro, desmontando milagrosamente qualquer agressividade. Outro fato: sorriso chama sorriso.

A comunicação pelo olfato na criança

H. Montagner, um pesquisador francês, realizou em creches uma série de experiências com crianças muito pequenas, tendendo a provar que o cheiro da mãe é um sinal inconsciente que elas reconhecem, ajudando-as em seu comportamento afetivo e social.

Na primeira experiência, todas as mães das crianças de uma creche foram convidadas a usar uma camiseta diretamente sobre a pele, durante três dias e três noites, sem trocá-la. Em seguida, cada criança foi deixada sobre uma mesa tendo à frente algumas camisetas, entre as quais a da mãe, e lhe foi pedido que escolhesse uma delas. Constatou-se então que a maioria das crianças que aceita escolher decide-se pela camiseta usada pela mãe.

Na segunda experiência, selecionou-se numa turma algumas crianças que já tinham optado pela camiseta materna, que lhes fora entregue. Essas crianças tiveram a tendência de mantê-la consigo. Em seguida, seu comportamento foi filmado e analisado por psicólogos. Sua conclusão é categórica: elas se mostram menos agressivas do que de hábito. Em sua classe, são aquelas que mais ativamente buscam as trocas, as brincadeiras e formas de comunicação com as outras crianças. A simples presença do cheiro materno, conservado por um objeto em seu poder, basta para torná-las mais sociáveis e comunicativas.

Essas duas experiências provam, sem margem para dúvida, que a criança reconhece o cheiro da mãe em sua ausência, e que esse cheiro tranquilizante modifica seu comportamento à distância.

O curioso universo dos cegos

Para quem se interessa pela comunicação não verbal no homem, a observação dos cegos fornece uma infinidade de informações de difícil interpretação. Eibl Eibesfeldt observou e filmou crianças surdas e cegas de nascença. Essas crianças distinguem apenas pelo olfato os estranhos das pessoas que conhecem. Embora todos que se aproximam tentem ser gentis com elas, transmitindo-lhes um sentimento de segurança, elas dão as costas a qualquer estranho, desferindo golpes em sua direção.

Apesar da séria limitação, a maioria dos adultos cegos consegue viver em sociedade. E às vezes até consegue trabalhar e se deslocar em grandes cidades.

Na presença de desconhecidos, eles rapidamente conseguem reunir grande quantidade de informações, sintetizando-as de maneira impressionante. Conheci um antigo médico que perdeu a visão durante a guerra da Argélia. Doze anos depois, ele era um excelente massagista. Pelo timbre da voz e o cheiro, era capaz de determinar sem dificuldade a idade e o estado emocional de uma pessoa.

Certo dia, levei ao seu atendimento uma parente do interior com dores no ombro, e ele me chamou à parte depois de tê-la cumprimentado, dizendo: "Que jovem mais bela! Por que não lhe recomenda que se vista um pouco mais na moda? A timidez a perturba, ela precisa sair mais."

À parte o fato de que ele estava com toda razão, a história vale apenas, naturalmente, para mostrar que os cegos baseiam-se em informações visuais que nós sequer nos damos o trabalho de levar em conta.

Conclusão

Alguns leitores talvez considerem que percorri um desvio bem longo para chegar à verdade monumental de que todo o mundo dos seres vivos se comunica graças à mensagem dos sentidos e através dos instintos.

Esse desvio, à parte a beleza mágica dos exemplos examinados, era indispensável para lançar luz sobre o que se segue.

Como é impossível realizar experiências científicas no homem, naturalmente, eu precisava de provas indiretas. Minha demonstração evoluía para a defesa de uma tese, e para convencer eu precisava do testemunho dos animais.

Eles foram, então, convocados, e, perante o júri dos leitores, declararam todos a mesma coisa, sem terem combinado:

Em todo o reino animal encontramos um sexo masculino e um sexo feminino que funcionam como polos positivo e negativo de um ímã. Esses dois polos são ligados por uma força que é a pulsão sexual. Essa pulsão não é cega, e cada espécie tem seus próprios emissores e receptores sexuais.

O fundamental em todos esses depoimentos é notar que a natureza não inovou muito ao passar de um escalão a outro. Um pouco mais de olfato no rato, um pouco mais de visual no peixe, um pouco mais de acústica no pássaro. Mas o essencial é sempre a comunicação por sinais sensoriais.

Eu precisava que o leitor sentisse o peso dessas evidências, pois sabemos desde Darwin que não é mais possível ao homem invocar uma origem sobrenatural.

Queira ou não, ele é o herdeiro direto de todas essas testemunhas, não podendo portanto desautorizá-las. Pode, no máximo, observar que o surgimento de sua consciência permitiu-lhe libertar-se parcialmente de seus instintos. Nesse lugar que ficou vazio, contudo, a cultura se insinuou, levando-o a acreditar, com seu canto de sereia, num total livre-arbítrio.

Nós podemos explorar e dominar o resto do mundo dos seres vivos, podemos deixar nosso rastro em planetas desabitados e domesticar o átomo. Mas ainda hoje nada podemos mudar no fato de que somos biologicamente idênticos a nossos antepassados de Cro-Magnon, com as mesmas pulsões e os instintos ainda necessários para nos reproduzir e sobreviver.

O reconhecimento de nossa pulsão sexual foi fruto de um combate encarniçado, e para isso foi necessário mobilizar o gênio e a obstinação de um Freud, durante muito tempo alvo do sarcasmo e das represálias dos obscurantistas de todo tipo.

Hoje, o caminho deveria estar livre para afirmar que, se temos um instinto sexual, possuímos obrigatoriamente seus sinais desencadeadores.

Deveria ser óbvio que, sem eles, não teríamos nenhum motivo válido e lógico para preferir uma mulher a um armário ou a uma sedutora cadeira de balanço.

E no entanto dou-me conta de que essas evidências nem sempre trazem em seu rastro o reconhecimento incontornável desses sinais desencadeadores. Uma quantidade impressionante de pessoas, no fundo inteligentes, tem dificuldade de aceitar que os seios femininos, à parte sua função de lactação, possam desempenhar um papel de desencadeador sexual.

Que, se o contorno tipicamente feminino dos quadris e das coxas não tivesse um propósito, seria o caso de perder a confiança na natureza, além de um motivo de acreditar que ela seja capaz de criar na anarquia e sem nenhuma utilidade.

Que, se a mulher perdeu os pelos e o homem os manteve, não se trata do resultado de um simples "cara ou coroa".

E que, se herdamos odores tão diversificados quanto nossas impressões digitais, não foi apenas para nos dar o prazer de criar e utilizar desodorantes químicos.

Afirmar o contrário é, na verdade, prestar homenagem à natureza, concordar com a afirmação de Einstein de que "a natureza não pode jogar dados com o universo".

Convocar Freud e Einstein para impor a ideia de que todas essas mensagens têm um sentido e desencadeiam em nós a tentação de fazer com que a espécie dure talvez seja desproporcional, mas o fato é que, sem a realidade desses sinais, haveria grande probabilidade de que esses dois grandes homens por sua vez jamais tivessem existido.

Feminilidade, um coquetel biológico

É característico do ingênuo fazer perguntas de uma simplicidade que desarma, às quais nem sempre sabemos responder. As crianças e os cientistas naturalmente se inclinam a esse tipo de pergunta, pois ambos têm a mesma necessidade imperiosa de entender o mundo que nos cerca.

"O que é uma mulher?"

Essa pergunta é tão simples quanto embaraçosa, pois não existe uma resposta satisfatória. A criança, com toda a sua ingenuidade, nos dirá que não é um homem. E o cientista perplexo sentirá, depois de refletir, que não consegue melhor que isso.

Esse paradoxo resulta do fato de que a existência dos sexos é uma convenção que não escolhemos e que foi imposta a todos os seres vivos, muito antes do nosso surgimento. Um sexo isolado, portanto, não tem qualquer valor em si, podendo ser definido apenas em relação ao outro.

Um homem não tem a menor necessidade de raciocinar para reconhecer uma mulher, sente-a instintivamente. Quero dizer com isso que se ele precisasse de sua inteligência para elaborar conscientemente semelhante "diagnóstico", passaria boa parte do tempo hesitando a respeito das mulheres encontradas ao longo do dia.

É de fato o nosso velho cérebro, portanto, que decide em alguns décimos de segundo, de maneira quase reflexa, diante de determinados sinais claros e simples, geradores de convicção sem qualquer necessidade de demonstração.

Aí temos mais um exemplo interessante de miragem, no qual nossa consciência se ilude a respeito do próprio papel, usurpando, sem sequer sabê-lo, o fruto de um conhecimento puramente instintivo.

E por sinal os animais não nos esperaram para se reconhecerem, bastando-lhes para isso muito pouco: um simples cheiro, um movimento de barbatana ou de cauda, a exibição de uma cor, e toda agressividade desaparece ante a tentação de copular.

Por mais surpreendente que possa parecer, não temos superioridade alguma sobre eles nesse terreno. Somos reduzidos, como qualquer peixe, a reagir de maneira binária a certos sinais de reconhecimento. É sim ou não, num segundo. Durante esse tempo, nosso raciocínio assume o comando, e pesa os prós e os contras de saber que nossa escolha já foi feita há muito tempo e que o nosso olhar já não é o mesmo, que se cruzam campos magnéticos carregados, que desfilam imagens, mensageiras de suavidade, graça e formas arredondadas, que nossas narinas se dilatam inconscientemente para decifrar alguns perfumes íntimos, que nossa voz se carrega de emoção e que o mais leve toque acidental da pele pode nos inflamar.

É assim que a comunicação animal avança a todo vapor enquanto nosso computador ainda se esforça lentamente.

Estou convencido de que você não vai levar essa descrição a sério. Vai achar que estou tentando exagerar a situação com um pouco de humor. Mas é assim que as coisas acontecem. É claro que o tempo necessário para a decisão é mais curto do que o tempo que levamos para expressá-la, pois nossos neurônios funcionam muito rapidamente. Mas o principal é entender que, nesse tipo de conhecimento, nossos instintos são muito mais rápidos e, sobretudo, muito mais certeiros do que nosso intelecto.

As mensagens provenientes da mulher contêm os ingredientes de um coquetel que costumamos chamar de "feminilidade". Cada fêmea da nossa espécie dispõe naturalmente de todos os elementos dessa mistura, mas o que distingue cada mulher, e portanto também cada mistura, é não só a qualidade de cada ingrediente, mas sobretudo sua proporção na mistura final. Entramos então no terreno dos tipos e também no da personalidade, ainda mais limitado. É o milagre das nossas preferências íntimas e das nossas atrações cotidianas.

Explico: quantas vezes já não ouvi a pergunta clássica "Que tipo de mulher você prefere?"

E quase sempre está subentendido na pergunta "Você prefere louras ou morenas, esportivas ou refinadas, sensuais ou intelectuais?"

Mais uma vez nos deparamos com a palavra "preferir" e, como sempre, se trata da mesma falácia. Creio poder responder que não temos realmente escolha. Somos programados para reagir a um tipo específico de mistura.

Quando falamos de uma loura, não se trata apenas da cor dos cabelos. Elas geralmente têm a pele, o cheiro, a cor dos olhos que constituem um todo estrutural específico. Ao darmos crédito aos biólogos, o que arremata esse conjunto seria o cheiro e a consistência da pele. Mas se fosse necessário optar por um denominador comum que decide no último momento, eu daria o primeiro lugar às curvas. E foi por esse motivo que escrevi este livro. O arredondado das formas e sua modelagem, atualmente desprestigiados em nossa cultura, são talvez os sinais mais autenticamente femininos, aqueles que melhor definem a diferença.

Estamos entrando num período em que pessoas sérias, cientistas rigorosos, finalmente procuram saber o que somos realmente. Estamos diante de um território quase virgem, que teremos de explorar com paciência. Mas quantas descobertas surpreendentes podemos fazer!

Enquanto esperamos, cabe a nós fazer o levantamento, numa primeira análise, de todos os sinais de que estamos certos e que agem sobre nós, pobres homens, para nos envolver e nos conduzir aonde a natureza sempre nos esperou.

Quais seriam então, para ser mais preciso, os elementos que fazem a diferença entre um homem e uma mulher? Vou citá-los em revista, e você pode estar certo de que esse conjunto é a maneira mais certa de definir hoje a feminilidade.

Fique atento! Se for um leitor do sexo masculino, procure saber quais são suas preferências. Se for uma mulher, certamente ficará surpresa de constatar quantos elementos exibe e quantos rejeita. Na discriminação de suas escolhas, existem razões que são essencialmente culturais. E para isso você tem uma excelente desculpa. Esses emissores não lhe são destinados, e você não está programada para reagir a eles. É provavelmente por esse motivo que às vezes aceita sugestões sem sentido, no que lhe diz respeito, desprezando com tanta ingratidão as curvas que tanto fizeram por você.

A altura

É estatisticamente reconhecido que a mulher é mais baixa do que o homem. Qualquer que seja a etnia, ela evidencia uma diferença de 10% a menos. Para dar um exemplo padrão, o equivalente de um homem com 1,80m seria uma mulher de 1,65m. Naturalmente, essa diferença de altura é apenas uma média. E é possível encontrar mulheres muito altas e homens muito baixos. Essa característica, portanto, nada tem em si mesma de decisiva, e seu papel sexual desencadeador não é determinante. Tem apenas um caráter de predisposição, mas não existe nenhuma cultura conhecida em que o homem busque sistematicamente uma mulher maior que ele.

Vamos então apresentar, para concluir esse tema da altura, um axioma que certamente surpreenderá nossos adolescentes que sonham viver na ponta dos pés:

Em contextos culturais equivalentes, uma mulher alta é menos feminina do que uma mulher de altura padrão.

Pelos

A mulher possui um sistema piloso disseminado no conjunto do corpo. Mas fora alguns raros lugares privilegiados, seus pelos são atrofiados e existem apenas na forma de uma fina penugem quase invisível. Veremos no capítulo seguinte por que os pelos das humanas desapareceram, embora todas as outras fêmeas de primatas os tenham conservado.

O homem sente uma real inibição diante do pelo feminino. Ele o tolera sem entusiasmo nas pernas e nos braços, mas sente autêntica aversão quando se transforma em barba ou recobre os seios. Concluímos por aí que a ausência de pelos no rosto e no peito é um típico sinal de feminilidade. O sinal se apaga depois da menopausa, sob ação hormonal.

Mas o tufo de pelos pubianos é uma característica altamente feminina. Na forma de um triângulo cujo vértice parece indicar a direção do sexo, seu contorno é nitidamente delimitado e desempenha, como veremos adiante, o papel de um desencadeador visual muito eficaz e pouco conhecido.

No homem, não é um triângulo, mas um losango que sobe até o umbigo, misturado ao resto dos pelos abdominais. As asiáticas e especialmente as japonesas têm em geral poucos pelos, e muitas delas têm um triângulo pubiano extremamente discreto. Para meu grande espanto, pude constatar recentemente, lendo os anais de um congresso de cirurgia estética, que existem no Japão cirurgiões especializados em implante de pelos pubianos. O que nos leva a pensar que se existe procura por esse tipo de modificação, ela atende a uma carência e ao desejo de remediá-la.

Os pelos das axilas constituem uma exceção aparentemente paradoxal. Fazem parte dos pelos da mulher, mas não têm um papel de desencadeador visual, e geralmente o homem se mostra indiferente à sua presença ou ausência. Mas o fato é que desempenham um papel fundamental na sexualidade, tanto masculina quanto feminina, atraindo pelo odor. Essa função é muito importante, e no capítulo seguinte veremos como e por quê.

Os seios

Quaisquer que sejam a cultura ou a raça, o peito feminino desempenha um papel da maior importância na diferenciação sexual. O contorno e a plenitude dos seios variam de acordo com a idade, a etnia ou a mulher. Sob a ação do estrogênio, sua ação aumenta na última parte do ciclo menstrual.

Durante a gravidez, eles podem duplicar ou triplicar de tamanho, deixando transparecer uma rede venosa congestionada.

O mamilo, que também existe no homem, é, no entanto, muito mais proeminente na mulher. A aréola que o cerca é muito maior e mais pigmentada. Sinalizando a feminilidade, os seios desempenham um papel desencadeador da maior importância. Veremos de que maneira, e sobretudo por que, só a fêmea humana teve o privilégio de conservá-los fora dos períodos de lactação.

O rosto

Estamos tão familiarizados com o rosto das mulheres da nossa espécie que teríamos muita dificuldade para identificar o que ele contém de especificamente feminino.

Faça a experiência em si mesmo, ou nos amigos e parentes, e ficará embaraçado por não conseguir analisar os sinais que no entanto o levam a sentir, numa fração de segundo, que está diante de um rosto feminino.

Se precisasse analisar conscientemente esses sinais, seria possível apostar que você não conseguiria, e no fim da investigação sua parceira teria perdido a paciência, antes mesmo que você conseguisse determinar seu sexo.

Devemos, portanto, reconhecer que somos ajudados por fatores inatos e tão reflexos quanto os que nos sobressaltam a um ruído muito violento.

Um mecanismo da mesma ordem entra em ação quando você precisa adivinhar a idade de um rosto humano. Instintiva e inconscientemente, você abarca com o olhar esses ínfimos detalhes que se transformam, como por magia, num número sintético. Mas teria enorme dificuldade para expor rapidamente os motivos dessa estimativa. Existe aí um mistério que os especialistas do funcionamento do cérebro ou dos computadores estão longe de ter resolvido.

Mas voltemos ao rosto da mulher, para ver o que ele contém de feminino.

Os olhos e o olhar

Os olhos e o olhar são, provavelmente, portadores da mensagem principal. Nunca li em qualquer obra científica algo que tratasse desse tema. Mas talvez seja o momento de pensar a respeito. O único elemento conhecido refere-se aos ângulos de abertura. O olho feminino geralmente é mais aberto que o masculino, e o sorriso que o cerca, mais acentuado. Nada mais sei a respeito, e deixo que os leitores curiosos tomem a iniciativa de se observar.

Mas existe no olho feminino algo estarrecedor que foi descoberto por um eminente psicólogo americano, professor em Chicago, o que o tornou muito mais célebre do que todo o restante de seus trabalhos. Pode-se dizer que ele dedicou a isso dez anos de sua vida, publicando a respeito um best-seller científico. Estou louco para revelar aqui essa descoberta apaixonante, mas você terá de esperar até o próximo capítulo, pois ela tem a ver com a sexualidade biológica da mulher, assim como as curvas, objeto principal da minha demonstração.

A arquitetura do rosto

A arcada das sobrancelhas, as maçãs do rosto e o nariz são três elementos ósseos que cercam os olhos e constituem a modelagem do rosto. São nitidamente menos acentuados, menos proeminentes e menos maciços na mulher do que no homem. O que é perfeitamente compreensível, pois na época em que o rosto humano se diferenciou das espécies simiescas, o homem era um caçador, e seus olhos representavam seu maior trunfo. Desse modo, era muito útil para sua sobrevivência e a de sua espécie que ele conservasse essa proteção óssea. A mulher, mais preocupada com o lar e a progenitura, tinha muito menos necessidade disso, e a modelagem do seu rosto foi atenuada. O que confere à parte superior do seu rosto um aspecto delicado, suave e vulnerável que aumenta o seu encanto.

Na mesma perspectiva, o ângulo da mandíbula é menos aparente e menos reto.

E para adicionar o toque final decisivo, o conjunto do seu relevo ósseo é recoberto de uma leve camada adiposa, envoltório de suavidade e mensagem de paz.

Cabelos, cílios e sobrancelhas

Os cabelos são um dos ingredientes principais da feminilidade. São talvez, e paradoxalmente, o elemento mais imediato do reconhecimento sexual, já que de costas fica difícil reconhecer um homem de cabelos longos.

E no entanto os cabelos podem ser cortados e seu comprimento varia de acordo com a moda da época. O que pensar a respeito?

Uma coisa é certa: o estrogênio, hormônio feminilizante por excelência, protege e fortalece os cabelos, e os hormônios masculinos o destroem lentamente. Em geral, portanto, a mulher possui uma cabeleira mais abundante, mais cheia, que cobre mais as têmporas.

É muito provável que o homem primitivo precisasse ter cabelos mais curtos. Caçador profissional, ele não podia permitir-se perder de vista a presa por um momento sequer, nem mesmo pela mais bela das cabeleiras. O lendário tenista Borg, do alto de seu mito, certamente se decidiria, se fosse privado de suas indispensáveis faixas na cabeça, a encurtar os seus, a bem da eficiência.

Decididamente, cabelos longos são uma mensagem manifesta de feminilidade, mas devemos reconhecer que esse sinal, que pode ser modificado tão facilmente, presta-se à moda e a influências culturais. Se na década de 1960 surgiu uma moda masculina de cabelos longos, ela tende a desaparecer, e os arquétipos fundamentais continuam enfileirando rabos de cavalo nos pensionatos de mocinhas e os cortes escovinha nas cantinas de oficiais.

Os cílios têm uma dupla função: proteger o olho de uma infinidade de partículas agressivas circulando no ar e dotá-lo de uma suavidade aveludada. E as mulheres o sabem perfeitamente, pois desde a Antiguidade se habituaram a escurecê-los e recurvá-los. Os cílios são na mulher os únicos pelos tão abundantes quanto no homem. Em seus desenhos animados, Walt Disney foi o primeiro a caricaturar a feminilidade de suas ratinhas, dotando-as de cílios descomunais.

As sobrancelhas femininas, finalmente, são nitidamente menos densas que as dos parceiros masculinos. Também aqui a função é dupla: um papel de canaleta, desviando o curso do suor que escorre pela testa, e um sinal de reconhecimento masculino, que une, tornando-as mais duras, as duas arcadas das sobrancelhas. Conscientes da brutalidade desse sinal, as mulheres muitas vezes tentam atenuá-lo, depilando-se.

Relação quadris-ombros

Konrad Lorenz, pai da etologia, afirma que essa característica é um dos principais sinais desencadeadores da feminilidade.

"A relação oposta, no homem e na mulher, entre a largura dos quadris e a largura dos ombros, a repartição das partes carnudas, a forma do peito feminino são os indicadores específicos da plenitude da potência sexual, que não é reconhecida pela cabeça, mas pelo instinto, segundo a expressão de Schopenhauer."

A feminilidade, com efeito, não se adapta muito a um excesso de ombros, cuja simples visão é um sinal de potência e dominação. São poucos os exércitos no mundo nos quais os oficiais hesitam em encher as ombreiras para simbolizar seu nível hierárquico. E todos os uniformes militares conhecidos e registrados mencionam essa tentativa de intimidação.

A mulher, pelo contrário, ostenta com extrema graça seus ombros pequenos, pois sabe que sua fraqueza é sua força, incitando à proteção e à dependência amorosa do protetor.

Existe uma lei geral, que nos é transmitida pelos especialistas do comportamento animal e confirmada pelos psicólogos e sobretudo os sexólogos, que afirma que uma mulher cuja força física, moral ou social supere a do marido acaba por perdê-lo, mais cedo ou mais tarde, vítima de uma sexualidade que não encontra mais sua razão de ser. Essa lei está enraizada no velho cérebro arcaico do homem e não poderá ser arrancada nem sequer a tiros.

Muito diferente é a situação dos quadris e da bacia. Tudo se inverte, como num passe de mágica. Aí se encontra a feminilidade, toda feita de curvas e expansão. Passada a cintura, os quadris se alargam e ampliam "em violão", abrangendo o alto das coxas numa curva em que a pele engrossa e se espraia. O homem é constituído de maneira completamente diferente. Sua cintura é muito menos cavada, seus quadris e suas coxas são retilíneos.

Essa diferença é fundamental, constituindo o tema central deste livro. Vamos, por enquanto, nos limitar ao registro desse sinal. O capítulo seguinte revelará o único verdadeiro mistério que ainda resta: o de sua causa e origem.

As mãos

As mãos, à parte a escrita que transmitem e suas linhas, que entrego aqui aos cuidados dos quiromantes e grafologistas, são portadoras de uma infinidade de mensagens.

Sua forma e expressão são tão eloquentes quanto uma mímica do rosto, e cada um de nós o percebe instintivamente. Mais uma vez, são raros os trabalhos científicos a respeito, e cada um confia na própria intuição.

Mas a mensagem mais clara é a da indicação do sexo. Nas mãos, a feminilidade pode ser lida como num livro aberto. A palma estreita, os dedos alongados, a pele espraiada, atenuando a forma dos ossos e a saliência dos tendões: tudo contribui para a graça e a delicadeza. Basta um dedinho que se destaca do copo no ato de beber, uma unha rosada em sua transparência de madrepérola, e tudo confirma a presença de uma mulher.

Os anéis, as pulseiras, o esmalte de unhas podem exaltar essa beleza simples e natural à qual somos tão sensíveis, mas não impedem que as mãos de travestis se traiam, maiores e com mais calosidades.

A voz

Eis mais um terreno em que é difícil dissimular durante muito tempo o próprio sexo. Qualquer tentativa de camuflagem fracassa quando a voz entra em campo. Existe na voz de uma mulher um mistério que os modernos sintetizadores eletrônicos não conseguem reproduzir direito. Não cabe aqui ir mais longe nessa descrição. Basta saber que a voz, proveniente das cordas vocais, modifica-se na puberdade por ação hormonal e que, em função do hormônio em questão, vem a ser modulada de maneiras diferentes, proporcionando-nos mais uma oportunidade de não nos enganar.

Finalmente, há um detalhe anatômico curioso que deixa intrigados os candidatos a detetive, preocupados em identificar o sexo oculto dos anjos: o pomo-de-adão. A mulher não tem essa pequena protuberância na laringe, e esse é um dos raros casos em que a feminilidade pode brilhar pela ausência.

Sinto-me um pouco culpado de ter, assim, acuado a feminilidade em seus últimos redutos, analisando e decodificando suas menores particularidades. Se a descrição científica pode ganhar com isso, o poeta acaba perdendo muitas de suas ilusões. Ele certamente ficaria muito decepcionado de reconhecer que a musa, objeto de seu arrebatamento romanesco, já não lhe inspiraria grande sentimento se lhe fossem acrescentados alguns centímetros de ombros e alguns pelos no rosto, se seu timbre de voz fosse modificado ou a grossura de suas mãos, aumentada. Mas pouco importa sua decepção, pois além de sua poesia iludida existe um mistério que jamais será comprometido pela simples análise: a saber, que nossas emoções, nossas pulsões, nossas atrações e nossos medos, a força de nossas convicções e de nossos apetites estão enraizados em nós como órgãos. A comunicação emocional, as decisões supremas, as verdadeiras razões de viver ou morrer dão-se nesse nível, e sem outro motivo que não os fornecidos por convenção pela natureza.

A magia e a beleza desse mistério revelam-se bruscamente quando tomamos conhecimento da origem dessa convenção. E se a mulher nos atrai pelos olhos, os seios ou os quadris, é por razões muito precisas e nada arbitrárias, inscritas em nós há milhares de gerações, e que serão o tema do próximo capítulo.

Curvas e sexualidade

Quando tomei a decisão de escrever este livro, pensava em acalmar uma velha inquietação, surgida de meus contatos profissionais com mulheres que eu percebia que estavam inutilmente frustradas, e tentara em vão tranquilizá-las.

Eu sabia, como ainda sei, que tinha a verdade ao meu lado. Essa convicção decorria da minha experiência médica e da minha simples condição de representante masculino da minha espécie. Sozinho diante do papel em branco, contudo, rapidamente me dei conta da dificuldade para demonstrar coisas evidentes. Estamos tão familiarizados com essa noção das curvas, sua colocação cultural é tão forte, tão grande o peso dos lugares-comuns aceitos sem critério, que me perguntei de que maneira eu poderia voltar a conferir-lhe o sentido profundo que sempre teve.

Um braço ou um olho nunca será discutido. Como órgão, sua função nunca foi camuflada nem rejeitada, sua evidência se impõe a todos sem problemas.

As curvas, na minha opinião, têm pelo menos a mesma importância. Uma mulher que delas fosse totalmente privada — querendo dizer com isso, para levar o raciocínio ao absurdo, que seu corpo fosse comparável ao de um homem — não teria a menor chance de encontrar um parceiro que aceitasse fecundá-la. Essa mulher tornar-se-ia artificialmente estéril e interromperia uma longa cadeia de gerações lutando pela sobrevivência da espécie.

Para que as curvas voltem a ter aos olhos do leitor seu justo valor, seria necessário compreender seu sentido e sua função, e foi por esse motivo que voltei a incluí-las no imenso repertório dos sinais de reconhecimento entre os sexos.

Era uma abordagem difícil para leitores não familiarizados com os meandros da comunicação não verbal. Ainda não sei se a mensagem será captada.

Ocorreu-me, então, a ideia de um meio de persuasão ainda mais forte, mais direto, que seria capaz de eliminar suas últimas dúvidas. Nós viemos dos macacos, e nosso parentesco com aqueles que ainda vivem perturba muito os biólogos. No mundo dos seres vivos, não vivemos mais isolados, e até nos orgulhamos disso. Certos chimpanzés mostram-se capazes de se comunicar por um arremedo de linguagem humana, e diariamente nos damos conta um pouco mais do elo que nos mantêm ligados a eles.

Fomos macacos, e hoje somos homens. Isso é indiscutível. No caminho percorrido, demos passos de gigante, que nos conduziram à inteligência e à cultura. Mas não é isso que me interessa. Paralelamente, nossa sexualidade mudou radicalmente, e isso, em compensação, me interessa muito, pois foi por causa dessa transformação que surgiram as curvas. Nenhuma fêmea de macaco tem sequer um esboço, por mais leve que seja, de seios, quadris ou coxas. E foi esse fato perturbador que me deu o argumento decisivo que eu buscava.

Se as curvas apareceram na mulher, foi porque a natureza as tinha incorporado com um objetivo mais amplo: o da nova sexualidade humana. Outorgando-lhe essa inovação exclusiva, ela conferia à mulher o meio mais seguro de atrair o olhar do homem. Não pode ser de outra maneira, pois do contrário estaríamos introduzindo o arbitrário nas decisões supremas da Evolução.

O capítulo que começa com estas linhas contém a história natural da sexualidade da mulher. Nele, você ficará sabendo por que somos os únicos animais vivos a fazer amor de frente, assim como outras revelações ainda mais impressionantes. Interessa tanto aos homens quanto às mulheres. É raro que uma leitura nos perturbe a ponto de deixarmos de ver as coisas da mesma maneira que antes. Mas é o que acontece nesse tipo de revelação. Se somos capazes de amar e criar um vínculo suficientemente forte que resista ao tempo, gerando um calor suave o bastante para que nele se aninhem os bebês, se o casal faz sentido e se aquilo que o mantém unido resiste a tantas intempéries, não é simplesmente pela nossa boa vontade ou a das instituições sociais que nos protegem, mas muito mais graças a mecanismos biológicos enraizados em zonas arcaicas, nas quais as leis de nossa espécie foram gravadas ao longo da Pré-História.

As curvas fazem parte dessas forças de coesão. Por mais que você tente fechar os olhos e os ouvidos, não poderá impedir esse fato. A natureza pensou em tudo, até em nossa falta de discernimento, e se alguns homens, às vezes perturbados por sua dependência à moda, obedecem às palavras de ordem alienantes, comportando-se como sonâmbulos, por vezes dormindo com mulheres sem curvas, porém retornando, inconscientemente, sem lutar, de olhos fechados e braços estendidos, para os encontros biológicos delas.

Um cérebro grande demais para a bacia da mulher

Os cientistas estão de acordo em considerar que a essência do humano está nas possibilidades e particularidades do cérebro. Comparados às outras espécies de primatas vivas ou desaparecidas, somos os únicos a possuir um crânio contendo um cérebro de 1.400cm³.

Porém, e isso é uma constatação, um crânio dessa dimensão não pode passar pelo canal que abre caminho ao feto na bacia feminina.

Desse modo, era necessário dispensar essa maravilhosa mutação, cheia de perspectivas, ou aceitar que a criança viesse ao mundo antes de ter atingido seu pleno desenvolvimento neurológico. Foi esse, como sabem, o caminho que seguimos.

Mas essa opção tinha uma consequência que modificaria a própria essência do comportamento humano. Um bebê assim, inacabado, imaturo, precisava, e ainda hoje precisa, seguir um longo caminho que o leve a tomar posse de todas as suas potencialidades.

Ao vir ao mundo, portanto, o homem é por natureza prematuro.

Um raio de ação limitado pelo filho menor

A natureza é essencialmente democrática, e quando dá com uma mão, toma com a outra. Tínhamos dado à luz um ser dotado de possibilidades excepcionais, mas esse bebê estava agora deitado de costas, de olhos fechados, com a boca aberta. Um peso morto absolutamente dependente da mãe. Nenhuma outra espécie animal experimenta no nascimento semelhante fragilidade.

Os chimpanzés, nossos primos mais próximos, também têm sua dose de imaturidade, mas a natureza tratou de remediar parcialmente essa situação, dando-lhes certos reflexos que, bem-utilizados, podem liberar a mãe desse excesso de cuidados.

O pequeno bebê macaco, em contato com a mãe, sente instintivamente os longos pelos que cobrem seu peito, e suas mãozinhas os agarram. Esse reflexo é tão forte e os pelos tão firmes que a mãe pode assim percorrer as árvores sem se preocupar com o mais novo filhote. A incapacidade do recém-nascido não é uma deficiência grave nem modifica as estruturas de sua sociedade ou de seu comportamento.

Na mulher, a coisa é muito diferente; o bebê humano, contrariando toda expectativa, também tem esse espantoso reflexo arcaico, vestígio de uma herança que os pediatras designam pela palavra inglesa *grasping*.

Para que ele se manifeste, basta colocar um dedo indicador na palma aberta de cada mão do bebê, e ela se fecha com força. Esse fechamento é tão forte que muitas vezes permite levantar o bebê da cama. Na hora de mamar, o *grasping* manifesta-se espontaneamente, e a criança que bebe o leite fecha as mãozinhas sobre tufos de pelos que desapareceram há muito tempo.

Esse reflexo já não tem, portanto, função alguma. Persiste apenas para nos lembrar de nossas antigas aventuras pelas florestas africanas, agarrados a pelos que deixavam passar o ruído tranquilizador do coração materno.

Sua atual inutilidade nos prova que ele existia antes de nós e que, se veio a ser sacrificado pela natureza, foi porque ela certamente encontrou um meio ainda mais elegante de permitir à fêmea criar os filhotes.

Enquanto não se manifestou esse achado, as primeiras mães humanas devem ter sido obrigadas a vigiar atentamente os filhotes, pois a savana estava cheia de predadores.

Retida no lar rudimentar, a mulher teve de se resignar a abandonar o bando dos machos que diariamente partiam para a caça. Ela podia eventualmente, acompanhada dos filhos maiores, tentar uma saída para furtar alguns ovos nos ninhos e sobretudo colher frutos silvestres, sementes ou raízes. Mas a idade do filho menor estabelecia um limite imperativo aos seus deslocamentos.

Trezentos gramas de carne por dia e por pessoa

Além da imaturidade dos filhos, a natureza deu ao homem outro presente envenenado, que transformaria todo o seu futuro. Já dependentes da mãe, ela nos fez também dependentes das proteínas.

Biologicamente, todo ser humano precisa de oitenta gramas de proteínas por dia para viver. Nosso metabolismo pode dispensar o açúcar e a gordura (de carboidratos ou lipídios). É o que demonstram os diabéticos e as pessoas de colesterol alto quando seguem bem o seu regime. Mas as proteínas são indispensáveis à vida. São responsáveis pela manutenção de nossos tecidos, a cicatrização, o funcionamento de nossa memória, o crescimento dos cabelos. A criança em fase de crescimento tem necessidade especial dela, pois seu cérebro está se desenvolvendo e em nenhum outro momento as carências seriam tão graves.

Oitenta gramas de proteínas correspondem a trezentos gramas de carne, inclusive resíduos. Uma mãe com três filhos não pode sobreviver durante muito tempo sem o equivalente a um quilo de carne por dia.

A imaturidade e a vulnerabilidade dos filhos, associadas a sua necessidade absoluta de proteínas, criaram as condições incontornáveis e lógicas de uma nova escolha para a mãe: abandonar os filhos e deixá-los morrer por desnutrição ou pedir ajuda aos machos, reis dos caçadores de proteínas.

A decisão não deve ter demorado muito, e é desse período, talvez 1 ou 2 milhões de anos, que data a tomada do poder pelo homem.

O que hoje somos biologicamente inscreveu-se lentamente em nossos genes, num período em que a mulher, para ser mãe, não podia sobreviver sem a ajuda de um homem.

Podemos não gostar da ideia, considerá-la totalmente inadequada numa época como a nossa, em que abundam proteínas em pó nos supermercados. Mas essa estrutura está em nós e só poderia ser alterada se conseguíssemos manipular nossos genes.

Posso apostar que uma modificação desse tipo liberaria completamente as mulheres dessa ascendência masculina que talvez já não tenha mais nenhuma razão de ser.

Mas enquanto esse dia não chega, temos de reconhecer que ela existe, e que toda tentativa de camuflá-la e combatê-la exige muito esforço e pode perturbar o equilíbrio feminino e a harmonia familiar.

O vínculo sexual como origem da família

Nesta parte, falo do macho caçador para o qual a fêmea solicitava proteínas para ela e, sobretudo, para os filhos. Que motivos teria ele para partilhar os frutos de sua caça com eles? Nenhum, pois temos todos os motivos para crer que nesses tempos primitivos ele ainda não tinha consciência de sua paternidade. Isso pode parecer estranho, mas, pensando bem, não existe um vínculo evidente entre o ato sexual e a fecundação. Ainda hoje, existem na Nova Guiné e na Austrália povoados primitivos que não convivem com semelhante ideia.

Para os primeiros caçadores humanos, os filhos saíam da carne das fêmeas; pertenciam exclusivamente a elas. Então, eles não estavam programados para reconhecê-los ou para amá-los, nem para ajudá-los a sobreviver, alimentando-os.

Estávamos, então, numa encruzilhada ainda incerta de nossa existência. O humano corria o risco de ser eliminado, por falta de humanidade. Para evitar isso, a natureza teve mais uma vez que intervir, acrescentando o último parâmetro que fecharia o ciclo da sexualidade humana.

O que o pai não queria fazer em benefício de filhos não reconhecidos, seria convencido a fazer para a mãe. Para isso, contudo, era indispensável que essa fêmea anônima se tornasse a sua fêmea, estabelecendo-se entre eles um vínculo suficientemente personalizado. Esse vínculo devia ser estreito e sólido, para que ele tivesse vontade de caçar não só para si mesmo, mas para três ou quatro outras bocas inocentes e vulneráveis.

A natureza quis que esse vínculo fosse sexual e individualizado. Conhecemos duas espécies em que ele já existia: o ganso selvagem e o gibão, ambos capazes de uma vida sólida de casal. E é interessante que essas duas espécies partilhem conosco o curioso monopólio do "tabu do incesto". Esses dois animais, uma vez adultos, jamais copulam com a mãe e raramente entre irmãos. Muito teríamos a dizer sobre essa particularidade, que, segundo nossos mais eminentes etnologistas, seria a pedra angular de nossas relações sociais.

Uma diferença fundamental separa o vínculo de que precisávamos do que a natureza já tinha criado para os gibões e os gansos cinzentos. Nenhum desses dois tipos de animais precisa de proteínas para sobreviver, e seus filhotes ficam independentes muito rapidamente. A criança humana só se liberta parcialmente da mãe no décimo ano de vida, e é muito provável que ao longo desse período irmãos e irmãs tenham vindo aumentar o número de pessoas dependentes do pai.

O vínculo precisava, portanto, ser sexual, personalizado e sobretudo definitivo. Veremos agora como a natureza resolveu essa dificuldade aparentemente insuperável.

As oito condições sexuais que permitiram o amor humano

A longa marcha inventiva que levou ao filhote de homem quase foi interrompida ainda no berço. Seu cérebro, contendo todas essas potencialidades futuras, deparava-se com o obstáculo de sua inevitável dependência às proteínas e também de um macho egoísta.

A natureza, não se conformando em abrir mão de sua mais bela invenção e constatando que, da primeira vez, a mãe não bastava, compenetrou-se na obrigação de encontrar um pai. Para isso, elaborou oito modificações que transformaram a sexualidade humana:

A única fêmea sempre disponível sexualmente

Entre todos os mamíferos, a temporada do amor é um acontecimento esperado que alegra um pouco a vida rotineira, que consiste em caçar, alimentar-se e dormir. Nascer e morrer sob o sol dos trópicos, e sobretudo aguardar impacientemente os primeiros sinais de despertar do cio das fêmeas.

Certas espécies têm muita sorte, e esse período de animação volta com bastante frequência. É o caso de certos roedores, como o coelho, com suas gestações rápidas e frequentes, estando a fêmea receptiva de oito a dez vezes por ano.

O elefante, muito menos sortudo, precisa esperar cerca de cinco anos, e a contracepção certamente não é sua principal preocupação.

Os macacos já tinham inovado muito, inventando o estrogênio, graças ao qual a fêmea tornava-se receptiva durante os cinco dias mensais que cercam a ovulação. Com a fêmea humana acontecia o mesmo, mas isso não era suficiente para conservar um macho de maneira duradoura. A natureza fez um derradeiro esforço e transformou a mulher numa superfêmea inteira e definitivamente receptiva. Que maravilhosa dádiva para todos esses machos que ainda não tinham inventado a televisão! Era bom caçar, mas também era bom voltar para o seio da horda, ao encontro de fêmeas que não mordiam mais quando se tentava montar nelas furtivamente por trás. O único problema era estar entre os primeiros, para encontrar uma que ainda estivesse disponível. Os mais fortes e dominantes, naturalmente, eram os mais bem-servidos.

Essa primeira medida já tinha tornado os machos menos egoístas, mas nem sempre favorecia as mães de família numerosa, pois os machos resistiam em alimentar tantas bocas desconhecidas. Era preciso inovar ainda mais e encontrar um meio de personalizar a relação.

A única fêmea que faz amor de frente

Até essa altura, todas as fêmeas do planeta atraíam o macho por trás. Não surpreendia, assim, que os sinais emissores sexuais de todos os macacos fêmeas se encontrassem inevitavelmente na parte inferior do dorso. Belas nádegas protuberantes, rosadas e reluzentes, visíveis a qualquer momento e de longe. Dois hemisférios nos quais não nascia pelo algum que pudesse atenuar-lhes o efeito. E um pouco abaixo uma vulva bem-delineada, com grandes e pequenos lábios escarlates, como um farol de sinalização. Finalmente, para reforçar a mensagem, poderosas glândulas sudoríparas, exalando um odor de almíscar para os machos que fossem um pouco míopes.

Todas essas mensagens contribuíam para canalizar a potência da virilidade num turbilhão que acabava na parte inferior do dorso. O sexo era, portanto, anônimo, e qualquer dorso servia.

Feita a coisa, a fêmea ia cuidar de suas ocupações, e se tudo tivesse sido bem-feito, sequer ficava sabendo quem fora.

A segunda inovação pôs fim a essa estranha relação anônima. Os primatas sempre tiveram meios de se reconhecer entre eles. Isso é aceito por todos os especialistas que sabem que o reconhecimento mútuo se faz por meio dos traços do rosto. Os olhos e a mímica são tão diversificados que fica descartado qualquer risco de confusão.

A natureza tocou, então, uma segunda vez com sua varinha mágica, e a mulher que andava ereta apresentou-se ao homem de frente. A partir desse dia o macho começou a saber *quem* lhe dava prazer. Deitado sobre sua mulher durante toda a duração de seu contato sexual, o homem foi capaz, de olhos abertos, de associar mentalmente o crescendo de suas emoções sexuais, a vertigem irradiada por seu orgasmo e os traços particulares do rosto de sua fêmea. Finalmente se chegava à verdadeira condição do reconhecimento personalizado e de uma possível base de vinculação. Se a palavra tem realmente algum sentido, foi de fato nesse dia que começamos a fazer "amor".

Mas nem tudo estava resolvido. Para que esse milagre fosse inscrito no cotidiano, precisava de adaptações. Para fazer amor de frente, era necessário também e sobretudo ser atraído de frente. Não fazia sentido continuar sendo atraído por nádegas redondas e róseas e grandes lábios vaginais vermelhos para inverter repentinamente a situação no último momento, passando a ter uma relação de frente. Para que isso acontecesse de forma natural, era preciso que os desencadeadores sexuais também fossem emitidos de frente.

E foi o que aconteceu, pois a natureza é coerente e não deixa nada ao acaso.

A única fêmea com seios permanentes

Há milhões de anos, os primatas eram atraídos por nádegas redondas e róseas, diabólicos hemisférios carregados de volúpia. Uma mensagem tão antiga não podia ser esquecida de uma hora para outra. Era preciso conservá-la, e a natureza inventou algo semelhante: dois seios redondos e modelados, plantados bem de frente, no peito. Vocês queriam formas redondas e queriam que fossem duas, muito bem, é o que terão, e já na puberdade! Prestem atenção ao surgimento dessa suave irregularidade que se sobressai e infla rapidamente. Os macacos também dispõem de tetas, que só ficam aparentes no período de lactação, durante o qual a fêmea não é receptiva. Nesse período, suas glândulas mamárias antes tenderiam a fazer com que os machos a evitassem.

Além de ornamento sexual, o seio feminino atual participa ativamente do próprio ato sexual. Durante a fase de excitação, ele se arredonda, tornando-se protuberante. Esse inchaço pode representar 25% a mais do seu volume. O mamilo entra em ereção já nas primeiras carícias e pode chegar ao dobro do comprimento. Também fica mais largo, e sua cor pigmentada torna-se mais densa. Além disso, confirmando seu papel de órgão sexual, a sensibilidade torna-se extremamente erógena, e muitas mulheres afirmam poder alcançar o orgasmo exclusivamente pela manipulação do bico dos seios.

Uma outra confirmação vem do fato de que esse órgão representa funcionalmente um inconveniente para os movimentos do ombro. Seu peso e sua posição na raiz dos braços perturbam os movimentos de grande amplitude. Os médicos esportivos afirmam que as dificuldades das campeãs de tênis devem-se basicamente à presença das glândulas mamárias. Se a evolução aceitou essa desvantagem, foi porque o peito definitivo entrava já na fórmula mágica do esquema sexual feminino, plenamente compensando, nesse sentido, essa deficiência articular. Esses seios permanentes e macios, portanto, são de fato uma inovação, e seria absolutamente impossível imaginar que tais modificações, inteiramente dependentes dos hormônios da feminilidade, não tenham um papel de desencadeador sexual. Qualquer que seja a cultura ou a civilização analisada, um homem tem sempre um momento de emoção e um brilho de excitação no olhar diante de belos seios. Não cabe a nós demonstrá-lo, a humanidade inteira se encarrega disso há muito tempo.

Um par de lábios que lembra outros

O segundo sinal sexual das fêmeas primatas é emitido pelos próprios grandes lábios vaginais, que se destacam como uma chaga viva entre as duas coxas pilosas e marrons. Elas só são visíveis de costas, mas o tempo todo, nessas fêmeas que vivem e se deslocam "de quatro patas".

A mulher, ao ficar ereta, perdeu para sempre esse sinal que há tanto tempo eletrizava as savanas. Mas a força de atração dessa configuração tão enraizada no mecanismo sexual do macho não podia desaparecer sem deixar traços. Já agora invisível a fenda vaginal, apareceram no meio do rosto, cercando a boca, outros lábios que conservavam, em virtude de uma certa semelhança, uma coloração sexual.

Os primatas têm uma boca que se reduz a uma fenda seca servindo apenas para a alimentação; mas nunca possuem essas saliências polpudas e róseas, carnudas e sulcadas que fazem dos lábios humanos um ornamento sexual puro e simples.

Com efeito, à parte os pregos do estofador ou as agulhas da costureira que podem ser presos pela ponta dos lábios para liberar as mãos, esse órgão não tem mais nenhuma função em nossa espécie. Sua existência seria, portanto, incompreensível se ele não tivesse encontrado uma nova dimensão — a oralidade sexual — e uma nova ocupação — o beijo.

Mas devemos reconhecer que se os lábios adquiriram em nossa espécie uma coloração sexual muito clara, essa referência magnética não é exclusividade feminina; os lábios dos homens também têm o poder de excitar a mulher.

Que eu saiba, é o único emissor erógeno perfeitamente bissexual. Mas o beijo, algo tão especificamente humano, teria podido servir à comunicação se os lábios carnudos da mulher não pudessem comprimir-se contra um equivalente masculino?

O círculo mágico dos quadris e das coxas

Após surgirem seios e lábios, a fêmea humana tornou-se atraente de frente. A inversão permitia que esses sinais desempenhassem seu papel com toda tranquilidade. Os traços faciais individuais e os atrativos sexuais seriam cobertos e reconhecidos com um mesmo olhar e sem ambiguidade. Mas nem tudo estava resolvido e a peça estava longe de ter terminado. Para se chegar ao último ato, o ato supremo que permitisse a tácita recondução da espécie, era necessário que o homem soubesse também onde colocar sua semente. A fachada de entrada fora reconhecida, mas era preciso saber onde ficava a porta para poder abri-la e entrar. Em outras palavras, como a vulva não era mais visível de frente, tornava-se necessário criar um outro sinal que a substituísse. Como todos os materiais anteriores já tinham sido utilizados, nós tínhamos de inovar completamente. De modo que foi nesse exato momento de nossa revolução sexual que interveio a invenção decisiva, exclusivamente humana, e que talvez seja o cerne do tema deste livro.

Pensemos em uma mulher de pé, e de frente, e consideremos como centro da operação a entrada da vulva, tão bem-escondida sob o triângulo dos pelos pubianos. Tracemos em seguida, com um compasso, um círculo de 20cm de raio. Esse círculo passa pelo umbigo, desenha a curva superior dos quadris e em seguida prossegue pela curva das coxas, na parte que hoje chamamos de culote. Esse círculo imaginário existe nos primatas machos ou fêmeas, mas nada tem de particular que atraia a atenção.

Porém, é aí, nesse território neutro, que vai aparecer repentinamente o brilho mágico da última mutação feminina. O círculo subitamente se arredonda, é infiltrado por um tecido adiposo, se congestiona e se amacia. Essa inovação é uma aquisição exclusiva da mulher, que a distingue do homem sem qualquer margem de dúvida. Mas ela não teria sentido algum se ao mesmo tempo as estruturas do macho não tivessem sido programadas para que ele fosse sexualmente sensível a ela. Seu olhar será então captado por esse novo sinal, e suas mãos, orientadas por seu sentido tátil, perceberão a consistência firme e macia dessas partes carnudas. É aí, no centro da curva tátil e visual, que se encontra a rainha oculta dessa magnífica partida de xadrez jogada pela natureza com os sentidos maravilhados dos machos humanos.

Se os homens algum dia preferiram as curvas, foi exatamente nesse dia que resolveram tomar essa decisão, e se, milhões de anos depois, mergulhados numa tempestade de culturas e modas, ficamos nos perguntando sobre o sentido oculto dessas curvas, é porque fatigamos nossos olhos em livros de aprendizes de feiticeiros e esquecemos a grande mensagem por trás dessas curvas mágicas.

Este livro tem um sentido e um objetivo: reabilitar as curvas femininas que estão no coração do homem. Negar essa mensagem equivale, de certa maneira, a recusar a mais bela inovação tentada pela natureza para estabelecer o vínculo humano

A primeira fêmea primata sem pelos

Um rosto identificável, uma boca com lábios carnudos, dois seios hemisféricos e cheios lembrando respectivamente a vulva e as nádegas, quadris e coxas arredondados e delineados formando um círculo magnético, centrado na entrada da vagina. A grande obra estava concluída, restava apenas rematar detalhes finais de decoração. A sinalização era boa, mas não perfeita.

Foi mais ou menos por essa época que a fêmea humana perdeu os pelos. Os cientistas da evolução se perguntaram durante muito tempo para que teria servido essa mutação. Se a mulher é a única fêmea dos mamíferos sem pelos, será certamente por um bom motivo. O recém-nascido humano sempre tem um reflexo de *grasping*, mas sua mãe não tem mais pelos aos quais ele possa se agarrar. Se somos privados de um dos termos dessa equação, é porque a inovação oferecia uma vantagem preferencial. O eminente etólogo Desmond Morris, autor de *Singe nu* [Macaco nu], que sabe perfeitamente do que está falando e durante muito tempo voltou suas investigações para a nudez de nossa espécie, foi o primeiro a sugerir o possível papel dessa mutação na sinalização sexual.

De fato, para que haveria de servir esse novo peito permanente se ficasse escondido debaixo de uma tela de longos pelos marrons? E a forma tão bem-delineada desses lábios sob uma barba? Os próprios quadris e as coxas já não formariam senão um círculo mágico fantasma, e essa magnífica consistência elástica e carnuda ficaria recoberta por pelos.

O primeiro striptease da história da humanidade começou por essa depilação biológica, e a mulher talvez tenha surgido assim em sua nudez definitiva.

Certos especialistas em anatomia comparada afirmaram que o pelo se fora por razões de adaptação climática e que o caçador humano devia sentir muito calor sob o sol dos trópicos quando corria atrás da caça. O argumento não tem muito peso, quando sabemos que o guepardo e o leopardo, predadores muito mais rápidos, conservaram intacta sua pele.

Essa hipótese, por fim, certamente não explicaria por que o homem, caçando para sua fêmea, teria mais pelos que ela. A única razão possível e coerente é de natureza sexual. A nudez expõe e valoriza as vantagens femininas, e se hoje em dia a mulher se veste com tanto rebuscamento é para melhor se despir diante daquele que quer seduzir.

Os únicos pelos que ela conservou recobrem zonas que não têm qualquer particularidade sexual, como os braços ou as pernas, ou então zonas que, ao contrário, destinam-se a atrair a atenção. É o caso do triângulo pubiano, que se encontra como que por acaso bem no meio do círculo mágico quadris-coxas. E o valor de sugestão desse pequeno tufo triangular não engana ninguém, pois numa praia, quando vão caindo as roupas, sempre resta um último biquíni triangular para camuflar esse poderoso desencadeador.

Sob as axilas encontra-se o último dos tufos de pelos que resistiram a esse abrir de cortinas depilatório. Como já vimos, eles desempenham um papel capital na mulher, servindo de chamariz odorífero. Em todos os primatas de sexualidade posterior, os odores afrodisíacos surgem também por trás. Eles emanam de pequenas glândulas esparsas ao redor da vulva e do ânus, e todos os símios, antes de introduzirem o pênis, passam um pouco o nariz.

No homem, ainda existem vestígios dessa mensagem odorífera, mas sua intensidade diminuiu muito, e se ainda pode acontecer que venha a servir, é sempre uma surpresa descobri-lo. No corpo a corpo de frente, o rosto do homem está bem próximo ao da mulher, e os odores posteriores podem se difundir, mas muitas vezes chegam tarde demais. Em compensação, os que estão aprisionados nos pelos das axilas não têm grande dificuldade de chegar ao nariz do homem para ajudar a manter seu nível de excitação.

O odor sexual tem má reputação em nossas culturas assépticas. É um mistério que eu não consigo entender.

Dizem que Henrique IV proibia que suas favoritas tomassem banho. A *petite histoire* dos reis é suficientemente importante para ter chegado até nós, mas não há qualquer motivo para imaginar que os súditos fossem privados daquilo que um rei fazia. O século XVII ainda não tinha posto o cheiro fora da lei. Hoje em dia, é considerado grosseiro ter algum odor, e é consternador constatar que se empenham tanto em fabricar desodorantes químicos para camuflar cheiros naturais cujas funções são altamente especializadas.

Os otorrinolaringologistas sabem muito bem que o cheiro é infinitamente ligado à sexualidade. Eles próprios, muitas vezes, tratam a impotência masculina e as deficiências de libido com estímulos elétricos das mucosas do olfato.

O almíscar é um éster perfumado que todos os mamíferos expelem na época do amor. Os *muscadins** eram jovens dândis que não hesitavam em se valer com ostentação de suas vantagens.

---

* *Muscadin* — ou almiscarado, em tradução literal — era uma designação pejorativa dos realistas e partidários da monarquia durante a Revolução Francesa, folha que de certa forma remetia ao que havia de afetado ou ridículo em seu comportamento. (*N. do T.*)

Os tempos mudaram muito, e em nossa época, se está claro que vivemos numa cultura hipersexualizante, isso acontece privilegiando exageradamente apenas o erotismo visual.

A imagem é a rainha absoluta, e meu papel aqui não é discutir as escolhas de nossa cultura ocidental, mas simplesmente observar o desequilíbrio absoluto entre a visão e o olfato. Certamente seria necessário outro livro para entender as causas dessa esterilização olfativa em grande escala que é imposta a nossas mulheres, desse indigenismo pseudossanitário que as obriga a passar o tempo todo debaixo do chuveiro para em seguida aplicar um desodorante químico em tudo que respira ou cheira. E quando se estiver bem seguro de que não resta mais nada de natural e pessoal, aplicar o perfume da moda, que poderá ser sentido em todas as peles.

Se é esse arquétipo de limpeza que se pretende introduzir à força em nosso inconsciente coletivo, trata-se de um engodo que todo médico pode e deve denunciar. Mas é preciso acabar com os odores sexuais, pois isso nos levaria longe demais. Cabe apenas lembrar que, como acontece no caso das curvas, os homens resistem, dispondo-se a fazer o jogo social que consiste em se dobrar à regra estabelecida pelos tabus do momento, repudiando as curvas e também os cheiros, mas eles continuam inconscientemente a vibrar por eles. E as mulheres suficientemente sem curvas para atender aos padrões ressecados da magreza, assim como as desodorizadas, esterilizadas até a semicastração, acabarão se espantando, mas sempre um pouco tarde, de ver seus maridos ou namorados se apaixonarem por uma mulher mais natural, mais livre, de cheiro sadio e vivo.

O mundo fantástico das pupilas femininas

Talvez você fique pensando, ao ler a história da revolução sexual humana, tal como acabo de contá-la, que ela é alegórica e provavelmente romanceada, e que acrescentei certos ingredientes para torná-la mais didática. Mas não se trata disso, e o que você vê aqui sobre o surgimento da feminilidade é a hipótese mais verossímil e compatível com os dados atuais da etologia e da antropologia.

As diversas transformações e suas modalidades talvez não tenham sido tão esquemáticas, mas teria sido necessário um volume inteiro para falar sobre uma evolução que cobre pelo menos 1 milhão de anos. Uma coisa é certa: nossos antepassados eram primatas, e pareciam os símios antropoides atuais. Nisso, não há no planeta um único cientista que possa me contradizer. E o que é ainda mais certo é que hoje somos o que somos Conhecemos o ponto de partida e a chegada. Os meios de que a natureza se valeu para cobrir essa distância não podem deixar de ser semelhantes aos que ela costuma usar para criar. E a lógica de sua marcha evolutiva, que conhecemos bem por ter estudado e codificado no resto do mundo animal, não pode mudar subitamente a pretexto de que se trata do homem.

Esse preâmbulo, para certificá-lo de que estamos realmente ligados ao real, vai agora revelar toda a sua utilidade, pois vamos abordar um fenômeno tão surpreendente e singular que nem parece verdade.

Em 1967, um professor de psicologia da faculdade de Chicago, Eckhard Hess, fez uma descoberta espantosa que causou e ainda hoje causa rebuliço no conformismo da psicologia tradicional.

Essa descoberta, à parte sua surpreendente beleza, nos interessa particularmente, pois confere um pouco mais de peso à teoria do vínculo personalizado pela sexualidade de frente.

Eckhard Hess sabia que a pupila do olho humano serve para filtrar a luz, e que todos temos um reflexo que contrai a pupila diante do sol, dilatando-a na penumbra. Mas o que ninguém sabia, e que ele descobriu por acaso, é que essa pupila devia ter uma outra função, pois ainda apresentava notáveis variações de diâmetro em condições de igual luminosidade.

Hess lançou a hipótese de que nossa pupila se abre ou se fecha em função da atração ou repulsão que nos inspira o objeto ou a pessoa que contemplamos.

Essa hipótese era absurda no contexto americano da época, no qual toda a psicologia estava impregnada de dogmas culturalistas. Como se poderia ter atração ou repulsa reflexa sem ter analisado de maneira lógica e racional os motivos que levassem a isso? Enunciar semelhante hipótese equivalia ao risco de ser banido do meio científico.

Hess foi, então, prudente, limitando-se a experiências muito rigorosas. Trabalhou com estudantes dos dois sexos, projetando sucessivamente diante deles grande quantidade de fotografias representando objetos, pessoas e situações de todos os tipos. Simultaneamente, mediu de maneira extremamente precisa a menor modificação de suas pupilas. Os resultados foram eloquentes, confirmando sem margem a dúvida a delirante hipótese inicial.

A pupila dos estudantes masculinos não se alterava diante de fotos de monumentos, paisagens ou objetos sem significado emocional. Em compensação, uma foto de mulher nua, introduzida entre as outras, desencadeava uma rápida dilatação. Uma foto de homem nu, pelo contrário, deixava o olho indiferente.

Na mulher, dois tipos de estímulo dividiam o primeiro prêmio de dilatação das pupilas: as fotos de homens nus e as de bebês sorridentes, e isto até mesmo nas estudantes que ainda não eram mães. Era curioso constatar que o sexo masculino não reagia à visão de um bebê.

Esse reflexo pupilar afetivo, perfeitamente inconsciente, vinha confirmar aptidões instintivas profundas, como o instinto sexual ou um esboço de instinto maternal. A pesquisa não foi bem-aceita, e tentaram deixar no esquecimento essas experiências escandalosas.

Mas Eckhard Hess as confirmou, aprofundou sua reflexão e escreveu um livro inteiramente dedicado a seus trabalhos, colocando-o à disposição do grande público com o título de *As histórias que o olho nos conta*. Esse livro nos faz uma segunda revelação ainda mais surpreendente que a primeira, e que explica a função e o papel desse reflexo na comunicação e na sexualidade humanas, e é por esse motivo que ela tanto nos interessa.

Quando uma mulher vê um homem que lhe agrada e que ela deseja, suas pupilas se dilatam. Isso já foi comprovado. Mas o que é novo é que, diante dela, esse homem percebe a dilatação de suas pupilas, inconscientemente, é claro (e temos aqui a própria definição do "desencadeador instintivo" de Konrad Lorenz). Essa percepção transmite ao cérebro arcaico uma mensagem que o computador consciente não é capaz de compreender. E, buscando em vão o motivo de sua emoção, ele pensará o que todos nós tantas vezes dissemos ou ouvimos: "Ela tem algo de perturbador no olhar." O que prova, se ainda fosse necessário, que nós não sabemos o quê. Essa segunda parte da comunicação foi provada por Hess com a ajuda de duas fotos idênticas representando o mesmo rosto de uma mulher, uma das quais, no entanto, fora retocada, com ligeira ampliação da abertura da pupila. Apesar de imperceptível, essa ligeira modificação bastava para que uma proporção significativa dos homens testados preferisse a foto retocada.

Finalmente, Eckhard Hess apresentou sua última revelação ao provar que o homem que percebe sem sabê-lo a modificação e sente a emoção daí decorrente, também vai por sua vez reagir com uma dilatação das próprias pupilas.

Fechava-se assim o círculo da comunicação: ele explicava, sem possível margem para dúvida, o papel fundamental do olhar no cara a cara sexual.

Entendemos agora tantas coisas que nos pareciam mágicas ou inexplicáveis. A beleza de um olhar de mulher está em parte associada à receptividade inconsciente que ela nos reserva.

Isso talvez explique — mas se trata aqui de uma hipótese pessoal — por que os olhos claros (azuis, verdes ou castanho-claros) são, em geral, mais apreciados que os olhos escuros (negros ou marrons). A pupila, que é sempre naturalmente de um negro intenso, contrasta fortemente numa íris muito clara. A menor modificação pode ser detectada de longe. O olho de íris escura tem menos chances e certamente sua beleza será menos elogiada, pois ele não deixa transparecer. Entretanto, como se costuma dizer desde o alvorecer das civilizações, o que ele perde em beleza, ganha em mistério e profundidade, e essa afirmativa proverbial se confirma no fato de que o olho negro, contrastando muito mal, não revela com a mesma ingenuidade suas primeiras impressões.

Isso certamente também explica por que, durante muito tempo, as cortesãs pingavam gotas de beladona, um poderoso dilatador de pupilas, nos olhos. O aumento do seu poder de sedução certamente compensava a imprecisão visual daí decorrente, e que no fim das contas devia revelar-se muitas vezes útil.

Isso provavelmente também explica a inquietante ambiguidade do olhar dos viciados em heroína, que apresenta uma intensa e permanente dilatação das pupilas, exagerada até a caricatura, e por isso mesmo tornando-se perceptível.

Finalmente, é sabido que comerciantes chineses de jade leem nas pupilas os preços que pedem aos clientes, e que os negociantes turcos sempre usam óculos escuros quando compram tapetes, para se certificar de que não estão deixando transparecer suas intenções.

Para concluir, esse pequeno reflexo nos diz muito sobre a extensão de nossa programação. A comunicação pelas pupilas permite saber em que estado de receptividade está nossa velha parceira ou nossa nova conquista. Nenhum símio dispõe dessa maravilha, o que nos prova mais uma vez que, se nos pusemos em posição ereta e se fazemos amor de frente, é de fato para saber com quem o estamos fazendo e permanecer com aquela que nos satisfizer mais.

A única fêmea que tem orgasmo

Estamos quase chegando ao fim de nossa longa investigação sobre os meios que a natureza escolheu para criar o vínculo sexual duradouro. A esse vínculo, cujo enriquecimento assistimos a cada nova aquisição, quase temos o direito de lhe dar o nome de amor humano. Faltava apenas uma última modificação essencial para a mulher: o acesso ao orgasmo.

De nossa estranha propensão a projetar nossa consciência no comportamento dos animais é que nos vem essa ideia falsa de que a maioria das fêmeas também sente prazer durante a copulação. Nada poderia ser mais falso. Para ficar apenas nos primatas, entre os quais nos situamos, nenhuma fêmea dos grandes símios jamais conheceu o orgasmo.

Seu cio espetacular não passa de uma tensão instintiva, cega, que a induz inconscientemente a se comportar sexualmente. Em alguns segundos e uma dezena de movimentos bruscos, um macho babuíno ou chimpanzé terá obtido seu prazer, mas a parceira, em nada aplacada, simplesmente se afastará, sem mesmo voltar-se para trás, na direção de outros machos apressados.

Semelhante comportamento, perpetuado na espécie humana, teria ameaçado de desmoronamento a enorme construção empreendida para selar o vínculo sexual durável.

A natureza remediou a situação dando à mulher o que nenhuma outra fêmea do planeta poderia alcançar: o orgasmo.

É provável que essa inovação seja a mais recente das mutações humanas de caráter sexual.

Para afirmá-lo, os evolucionistas baseiam-se em sua fragilidade e elevado nível de variabilidade individual. Em termos evolutivos, o orgasmo masculino é uma invenção muito antiga, podendo ser estimada em centenas de milhões de anos. Trata-se, como sabemos, de um reflexo, muito bem-implantado na medula espinhal, que não pode ser muito modificado pelas perturbações culturais. O orgasmo feminino é fraco, delicado, requer uma certa concentração, e até mesmo o recurso a fantasias operacionais.

É o que confirma o senso comum, ao afirmar que a mulher é mais "cerebral" que o homem. Tudo isso nos diz muito sobre a fragilidade de seu orgasmo, que segundo as grandes estatísticas sexológicas só estaria com certeza ao alcance de 50% das mulheres entre 25 e 30 anos.

Quanto ao que nos interessa aqui, a natureza trabalhara intensamente na mulher, tornando-a atraente de frente do ponto de vista sexual e dotando-a por todo o corpo dos emissores erógenos destinados a estimular e motivar o homem. Concluindo sua obra, a evolução tinha quatro bons motivos para oferecer o orgasmo à mulher:

• A mulher pedira ajuda ao macho para seus filhos imaturos e ávidos de proteínas. O macho tinha aceitado, por apego a essa fêmea, já então personalizada. Mas a natureza não podia tolerar que a mulher fosse uma simples prostituta, ainda que o objeto de seu aviltamento dissesse respeito apenas à sobrevivência dos filhos. O homem passa, então, a proporcionar proteínas, é verdade, mas também prazer, e talvez isso também explique por que o homem tem o mais longo e grosso pênis entre os primatas.

• A segunda razão era fechar o ciclo da comunicação sexual. Agora frente a frente, cada um teria seu prazer e o faria saber, por todo tipo de manifestação. Isso contribuiria para reforçar o relacionamento personalizado, o vínculo e o amor pura e simplesmente.

• A terceira razão é muito mais prosaica. O orgasmo, sendo responsável por uma intensa descarga nervosa, deixa a mulher por um bom momento atordoada, e mesmo adormecida. Em nossa espécie ereta, esse tempo de repouso horizontal é uma condição absoluta de fertilização. Uma fêmea de macaco, realizado o ato, pode perfeitamente, se assim quiser, cuidar de suas ocupações. A semente que acaba de receber não a deixará mais, pois ela caminha sobre quatro patas. Já a mulher, pondo-se de pé, inevitavelmente perderia pela simples força da gravidade seus direitos de fertilização.

• Finalmente, como a mulher demora mais para obter o orgasmo que o homem, esse poderia ver-se tentado a buscá-lo duas vezes para dá-lo a ela também. Com isso, a natureza concedia uma bonificação às mães de família numerosa.

Conclusão

Chegamos ao fim de nossa investigação sobre a feminilidade biológica. Os animais nos falaram na única linguagem que conhecem, a do instinto e da comunicação não verbal. Toda a sua sexualidade repousa em sinais desencadeadores. O que resta em nós de animal se expressa ainda hoje por essa mesma linguagem. As curvas femininas são uma dessas mensagens, assim como o cheiro da borboleta, o ventre inchado do esgana-gata ou o arrulho do pombo.

Acompanhei em seguida a gênese da sexualidade feminina, a revolução que a levou a transpor uma fronteira de que nenhum outro animal jamais havia sequer se aproximado.

De pé em posição ereta, ela é a única fêmea que faz amor de frente e que está disponível permanentemente. Para obter e conservar esse privilégio, foi necessário que seus desencadeadores passassem de trás para a frente. Foi nesse exato momento que surgiu a imensa vantagem das curvas: seios redondos, quadris arredondados, coxas redondas, lábios carnudos, pupila redonda, mamilo redondo. Além disso, suas curvas também têm consistência. O que é redondo é macio, elástico, firme, cheio, modelável, e a mão do homem, à qual se dirige essa mensagem tátil, não se engana. Ela encontra nessa plenitude uma forma de explorar todas as suas possibilidades sensoriais, de jogar com o prazer dos sentidos, adivinhando o que essa suave proteção encobre. Mas maldito seja o osso que surge sem proteção. Malditos os tendões protuberantes ou os músculos que se desenham sem conseguir ocultar a própria dureza. Ossos, tendões e músculos, subentendendo energia e força, podem servir para a agressão. Em hipótese alguma o homem que se aproxima sexualmente deve vê-los ou senti-los. Eles são símbolo de confronto; o amor é símbolo de paz, *e não há ato sexual possível se a mulher não camuflar o que há de forte nela*. Antes de se deitar na cama, ela deve deixar as facas no vestiário ou afastá-las do olhar e da mão do macho. Ele, de sua parte, vai inspecionar esse corpo que o encanta, tentar encontrar eventuais armas, observar e tatear para se certificar de que pode entregar-se inteiramente, perdendo uma parte de sua consciência e de sua força.

O mito de Dalila, cortando o cabelo de Sansão durante o sono, está no âmago de cada homem e, simbolicamente, a mão que pousa em quadris ou coxas insuficientemente arredondados, sentindo a solidez dos ossos e a força dos músculos, essa mão em estado de alerta pertence a um homem que não foi aplacado, encantado pelas curvas e a modelagem. O animal agressivo que coabita nele com o animal sexual não lhe permitirá a abordagem total da parceira, e o orgasmo que ele vai obter não será tão profundo, tão completo, tão livre quanto seria necessário. O papel das curvas consiste em separar essas duas forças que disputam as motivações humanas. Simbolicamente, sua função é adormecer o animal agressivo, subjugá-lo e fazê-lo morrer por um instante, para permitir que nossa magnífica animalidade sexual, livre de suas dúvidas, se perca na mulher.

Toda a nossa mitologia sexual repousa numa oposição simbólica.

O homem é forte, duro, musculoso, ossudo, peludo e barbudo. Seu comportamento é mais agressivo, mais direto, anguloso e protetor.

A mulher é flexível, suave, fina, não tem barba e tem poucos pelos, e portanto nua, fraca, aplacável, pacífica e arredondada.

As curvas não são, portanto, uma simples particularidade anatômica, mas um componente básico da feminilidade, tanto física quanto mental, e qualquer tentativa de descrédito é não só uma aberração, mas uma ofensa à sexualidade e à natureza, que assim quis.

Essa é a mensagem essencial que eu quis transmitir neste primeiro capítulo dedicado à mulher natural. Eu poderia tê-lo dito em duas linhas, e alguns de vocês talvez considerassem que seria suficiente. Nada poderia ser mais falso, existem evidências que diariamente estrangulamos com as próprias mãos para nos certificar de que não seremos submetidos a seu poder de sedução, e eu continuo convencido de que esse desvio pelo testemunho animal e o retorno às fontes de nossa gênese sexual eram indispensáveis.

Agora, no segundo capítulo, dedicado à mulher cultural, vou relatar-lhes como e através de quem o escândalo se deu, de que maneira uma entidade tão fundamentalmente feminina veio a ser desnaturada, desacreditada e afinal invertida, e a autêntica *via crucis* inconsciente que a maioria das mulheres ocidentais teve de seguir para chegar ao ponto de ambicionar um estado tão desconfortável quanto a magreza ou a ausência de formas.

Meu livro não tem o objetivo de filosofar sobre a natureza biológica da mulher, minha abordagem é mais concreta. É a abordagem de um nutrólogo que assiste diariamente aos estragos da corrida desenfreada para a magreza. O que ela tem de heroica para aquelas que a alcançam e o que tem de frustrante para as que fracassam.

Sei que esse combate, no qual me envolvo como técnico e apoio psicológico, pode ser longo e doloroso, e é por isso que me revolto contra aquelas que partem em "cruzada sem cruz" contra as que não hesitam um instante na corrida para a inanição, acabando desnutridas e ossudas na cama de um marido ou de um amante que nunca quis isso. Estou convencido de que a perseguição às curvas é um pacto com a *insipidez*, em torno do qual rondam permanentemente a frigidez e a impotência.

Segunda parte

Curvas e cultura

Ao finalizar a primeira parte, estou certo de ter recorrido a todos os argumentos naturais e biológicos à minha disposição para conferir alguma seriedade ao conceito de curvas.

Espero, portanto, que você não tenha mais nenhuma dúvida sobre a utilidade das curvas, uma convicção que não deve mais estar limitada aos biólogos. As curvas femininas não são um dado cultural, que pode ou não adequar-se às escolhas de uma sociedade. Trata-se de um traço universal feminino que se manifesta na puberdade, com a menstruação e os primeiros pelos pubianos, com um esboço de seios que começam a sobressair, com o afinamento da voz e os primeiros odores femininos.

Associadas a essas outras manifestações, as curvas lançam sua primeira mensagem, demonstrando claramente que a mocinha de 12 ou 13 anos, considerada uma criança, está se tornando uma mulher, e, se os pais se fazem de cegos ou surdos, as mães não se enganam, começando a falar de pílulas e do fruto proibido.

A segunda mensagem é mais eloquente e se dirige ainda menos aos pais. Ela fala aos olhos dos garotos, talvez não ainda às mãos, o que no entanto não tardará. Em sua ingenuidade, ela diz:

"Essas formas que você vê começarem a surgir, esses seios, esses quadris, essas coxas, trate de olhá-los bem, mas sem pensar em nada. Existe nesses poucos centímetros que nos separam uma armadilha que você não pode nem imaginar e que trabalha intensamente a meu favor." É a autêntica mensagem da sexualidade que se "desencadeia" sem qualquer aparente motivo.

A situação, portanto, é clara. A mulher ostenta seus trunfos característicos. O homem os percebe e as emoções que ele sente levam a crer que se estabelecerá uma comunicação igual à que se verifica em todas as espécies e todas as civilizações conhecidas, até a nossa. Acontece que não é necessário ser um observador muito sagaz para constatar que a mulher ocidental de hoje sabota deliberadamente esse início de comunicação sexual, recusando as próprias curvas.

Conhecemos outras situações nas quais ela foi levada a modificar uma parte de sua herança animal: a mamadeira e a contracepção. Mas nesses dois casos específicos pelo menos havia bons motivos lógicos: um inestimável ganho em independência e conforto, bebês que não sofriam demais e uma família harmoniosa, que podia ser criada com mais facilidade. No caso em questão, contudo, essa recusa não faz o menor sentido, gerando um singular problema que será o tema deste capítulo.

Antes mesmo de começar, devo dizer que, de uma perspectiva puramente biológica, considero que essa aversão irracional impõe ao homem e à mulher um grave prejuízo.

Vejamos quem lucra com semelhante crime. Posso desde já garantir que a mulher não tem nada a ver com a história. Os responsáveis são outros, e, sem querer estimular sua curiosidade, devo confessar que estão muito bem-escondidos e trabalham na sombra. Desmascará-los será também o objetivo deste capítulo, e não será fácil, pois, para fazer com que acabem confessando, teremos de acuá-los, e é possível que nessa tentativa acabemos descobrindo coisas que nem sempre podem cheirar muito bem.

Começaremos, assim, por examinar o agredido, ou seja, o corpo feminino, estabelecendo quais são os atuais padrões da feminilidade mutilada. Será fácil compará-los aos de outras culturas e civilizações, quando funcionavam em plena inocência.

Em seguida, examinaremos as consequências desse conflito natureza-cultura, assim como o alcance do dano imposto à mulher e ao homem de hoje.

A parte mais surpreendente será o estudo das causas que levaram inconscientemente as mulheres a se sabotarem, recusando um dos mais belos e seguros recursos que a natureza pôs à sua disposição para agradar.

Essa automutilação se integra a um conjunto de fatos culturais tóxicos que dizem muito sobre a perda de vitalidade de nossa civilização.

Os responsáveis serão, então, desmascarados e você ficará surpreso ao constatar como sempre os considerou seus aliados mais certos.

Panorama das concepções sobre as curvas

Muitas vezes, em minha profissão, recebo para consulta mulheres que querem perder peso ou medidas. E o que mais me chama a atenção são as intensas diferenças de motivação entre elas. O peso e as medidas, que para o leigo poderiam parecer conceitos associados, suscitam na maioria das mulheres reações muito diferentes.

O peso é um conceito neutro, puramente quantitativo, que incomoda, pois representa um inconveniente funcional em todos os atos da vida cotidiana. Bem-repartido, pode ser tolerado por bastante tempo, e a mulher que decida tomar alguma providência, recusando-o, certamente terá chegado ao seu limite de desconforto.

O volume é uma noção qualitativa, e as curvas de que falo estão muito mais ligadas à sua repartição do que à sua massa.

Uma mulher arredondada não é uma mulher gorda, é uma mulher normalmente constituída e que tem seios, quadris e coxas perfeitamente sinalizados. Mas é essa sinalização alta e especificamente feminina que é alvo da aversão mais violenta.

Quando pergunto a uma mulher por que gostaria de reduzir a medida das coxas, constato que ela tem sempre um momento de surpresa e hesitação. Em seguida, ela me olha, um pouco estranhamente, como se não entendesse minha pergunta. A coisa deveria ser evidente, e quase sempre ela se limita a olhar para as próprias coxas, apalpando-as, para deixar bem claro que minha pergunta não faz sentido.

Mas insisto, pois sou naturalmente curioso: "Será que elas não agradam a seu marido?"

Essa pergunta provoca geralmente um sorriso maroto, bastante eloquente a respeito do pobre infeliz que certamente não está informado da iniciativa da esposa.

E se a cliente é uma jovem, não posso me impedir de perguntar se seus quadris geram um problema de relação com os rapazes de sua idade. A resposta, paradoxalmente, é sempre negativa.

Então, eu sempre insisto um pouco, pois gostaria de ouvir uma resposta lúcida: "Seria pelos seus colegas de escritório, seus amigos, sua família?"

E a resposta, inevitavelmente, incansavelmente, é sempre a mesma, como se todas essas mulheres tivessem combinado: "É por mim mesma, doutor, por mim, quando me olho no espelho. É horrível, essas coxas, esses quadris, é feio, está mais que evidente!"

Aí está, a coisa funcionou, a hipnose coletiva ainda está em ação. Nada tenho a acrescentar.

Houve uma época em que eu tentava argumentar, entender e às vezes até mesmo me opor, dando a entender que a coisa poderia agradar e que nada havia nisso que não fosse perfeitamente natural.

Mas deixei de fazê-lo, por dois motivos bem precisos:

Para começo de conversa, porque me deparava com um muro, percebendo um discurso consciente que me falava de estética e um discurso inconsciente entoando uma palavra de ordem cultural profunda e enraizada, à qual eu não tinha acesso.

O segundo motivo é muito mais simples e, quando eu insistia demais, sentia que meus argumentos podiam ser mal-interpretados, levando a imaginar que podiam estar assumindo um caráter por demais pessoal.

Foi, portanto, no contexto profissional, com a ajuda desses depoimentos cotidianos, que me dei conta da imensa intoxicação de todas essas mulheres. Mas minha posição de observador é particularmente privilegiada. Estou convencido de que poucos homens imaginam o quanto as mulheres sofrem. Alguns deles, ouvindo-me falar, esboçam um sorriso. Como é que um bom par de coxas ou quadris formosos pode causar tanto ressentimento?

E os seios, essas maravilhas que se fazem tão raras! Você está exagerando! Mas percebo perfeitamente, ao redor de uma mesa entre amigos, quando esse tipo inevitável de conversa acaba chegando, na hora da sobremesa, que a maioria das mulheres não protesta contra afirmações desse tipo.

Com o tempo e uma abordagem mais suave, fui aprendendo que esse tipo de aversão às curvas, sentido de maneira mais ou menos violenta por todo tipo de mulher, qualquer que seja sua condição social, era muitas vezes guardado como um segredo de que os homens não podem tomar conhecimento. Existe aí uma espécie de pudor, e a percepção de uma incoerência, fracos lampejos de lucidez, mas que existem e me impedem de perder a esperança.

Se existe uma certa vergonha de confessar essa rejeição, é que em algum lugar existe ainda uma pontinha de censura, um bom-senso que impede essas mulheres de se deixarem arrastar completamente pela palavra de ordem cultural.

É puxando esse fio, através dessa brecha que mal se delineia, que devemos agir, desmascarando essa impostura e tentando inverter uma moda que continua fazendo muitos adeptos.

Para isso, devemos antes de mais nada voltar nossos projetores para outras concepções da mulher. O que existe entre nós no Ocidente nem sempre foi assim. E mesmo hoje creio poder afirmar, sem risco de ser desmentido, que a França é o país mais marcado por esse *diktat*, e que temos uma certa responsabilidade na elaboração e na exportação dessa doença.

Os atuais padrões da forma feminina

A grande maldição de uma cultura é julgar-se detentora da verdade. E o que se aplica à grande cultura, às ideologias e religiões, também se aplica à pequena cultura. Assim é que a maioria das mulheres ocidentais imagina ter chegado ao fim da trajetória que leva ao arquétipo feminino definitivo.

Basta uma simples espiada na direção de antes e de outros lugares para provocar um sorriso no observador descompromissado. Mas não vou me limitar a uma espiada, indo investigar onde quer que ainda haja testemunhos, para provar que nossas atuais concepções representam apenas uma página de livro na história da humanidade e de suas modas.

Antes, porém, examinemos um pouco a atual situação das concepções sobre o corpo da mulher. Qual é o arquétipo feminino atual no Ocidente, particularmente na França?

Para isso, disponho de duas informações: a minha, da minha experiência de nutrólogo, representando o equivalente temporal de uma minipesquisa de opinião um pouco mais encorpada pelo interesse que deposito na matéria, transcendendo em muito o contexto profissional.

E sobretudo os dados fornecidos pela enorme caixa de ressonância dos meios de comunicação, revistas ilustradas de todo tipo, cinema, televisão, publicidade e arte pictórica figurativa.

A moda do vestuário também é um reflexo do que se usa, e, em consequência, do tipo de corpo de quem deve usá-la. E constato, então, que o que é injetado na atual concepção dos padrões femininos representa antes de mais nada:

• A imagem de uma mulher esguia e *alta*. Hoje em dia é adequado ter 1,70m; o que era considerado gigantesco há apenas cinquenta anos, já que sequer era atingido pela média dos homens franceses.

Mas o fato é que não existe uma única modelo e manequim digna do nome que ousaria confessar que sua altura é inferior a esse limite. Consultei pessoalmente os catálogos de três conhecidas agências de recrutamento desse tipo de profissionais da moda, e tive muita dificuldade para encontrar seis modelos, num total de setenta, com altura inferior a 1,68m.

• A *cintura* é fina. Mas infinitamente menos do que já foi na época dos espartilhos, quando era recomendado aprisionar-se e amarrar-se de maneira a conseguir a famosa cintura de vespa, a qual, diga-se de passagem, tinha exclusivamente a função de exaltar o contorno dos quadris. Temos portanto uma cintura livre, sem constrangimentos.

• Os *seios* são o primeiro elemento atingido pelo tabu das curvas. Não devem ser volumosos. Mas diante da dificuldade de encontrar um número suficiente de mulheres adaptadas a esse novo imperativo, que mal se concebe do ponto de vista biológico, recomenda-se que eles sejam escondidos, comprimidos ou então, para simplificar, que as roupas sejam amplas e fofas no caso de todas essas "infelizes" que têm peito.

Essa tentativa de intoxicação, tão flagrante, enfrenta no entanto um poderoso antídoto biológico. As mulheres de bom grado aceitariam renegar seus seios, no que têm de ornamental, mas às vezes pensam que esses mesmos seios também têm um papel a desempenhar na lactação. O que acaba por temperar um pouco o eventual descrédito que certos criadores misóginos tentam estender a órgãos aos quais muitos de nós ainda devem a vida.

Existe, portanto, uma certa elasticidade na rigidez do padrão, e a homenagem masculina é tão veemente, tão direta e imediata que algumas mulheres ainda mantêm a cabeça suficientemente fria para ostentar seios fartos. Mas estamos longe do orgulho com que as atrizes italianas do pós-guerra ostentavam seus atrativos.

O que confirma minha opinião é a radical mudança do interesse pelo sutiã. Em quinze anos, passamos dos enormes porta-mamas inflados aos suportes flexíveis e depois a simples proteções decorativas. E hoje é de bom-tom não usar mais nada. As roupas femininas de malha morrem de inanição, encontrando novos mercados nas quinquilharias eróticas.

O descrédito volta-se, portanto, para os seios avantajados, e mal consigo confessar tudo que sei sobre o desconforto das mulheres de seios grandes. Prefiro dar a palavra aos cirurgiões plásticos.

• *Quadris*: são o centro da questão. Os quadris são o que se segue imediatamente à inflexão da cintura. Uma mulher bem-desenhada esboça a forma de um violão. É um território misto de feminilidade e maternidade. Com efeito, é pelos quadris que se reconhece uma boa "poedeira". Quanto mais larga for a bacia, com mais facilidade passam os bebês. Mas hoje em dia os quadris não estão mais na moda, e as mulheres dotadas deles têm muita dificuldade para se vestir. O ideal feminino prescreve quadris estreitos seguindo o eixo das coxas e do peito de maneira a poder entrar nos jeans unissex. Os ossos ilíacos devem ser salientes, mesmo correndo o risco de colidir com os do parceiro.

• *Coxas*: é sobretudo nesse caso que a palavra de ordem se torna rigor. Em relação a elas, não se trata mais de ter pouco, permitindo-se apenas não ter mais nada. A procura por esse ideal chega à aberração. E para descrever esse modelo carnudo, essencialmente feminino, chega-se a recorrer, sem qualquer discernimento, a qualificativos médicos.

A celulite ou lipodistrofia é algo que existe, uma enorme infiltração tóxica dos quadris, das coxas, dos joelhos e tornozelos. É uma caricatura pesada e maciça da feminilidade, decorrente de um desequilíbrio hormonal. Tratarei mais detidamente do assunto no parágrafo sobre as perturbações patológicas, pois conheço bem o problema.

Mas quem se dá o direito de decidir quais são as formas naturais? Quem é que confunde com tanta desenvoltura o normal e o patológico? É preciso ter uma boa dose de perversidade para levar a maioria das mulheres a acreditar que são quase anormais.

Os homens raramente leem revistas femininas e quando, sem querer, folheiam algumas páginas dedicadas à beleza e à saúde, ficam com a impressão de estar lendo textos para marcianos. A verdade é que ficariam horrorizados de tomar conhecimento de que sua mulher se considera doente, achando que é preciso tratar-se urgentemente, recorrendo aos meios médicos e cirúrgicos mais modernos. E ficariam ainda mais se lhes fosse mostrada a parte supostamente doente.

Para voltar a nosso objetivo e simplificar, digamos que os atuais padrões femininos franceses consideram tudo que existe entre a pele e os músculos das coxas como anormal. O que significa confundir 90% das mulheres.

• *Odores pessoais*: antes de terminar esse balanço, não posso deixar de acrescentar algumas palavras sobre os cheiros. Já falei a respeito deles no capítulo sobre a feminilidade natural, dizendo o quanto eram estritamente individuais. Não existem dois odores humanos idênticos, e talvez seja o que temos de mais pessoal. Desmond Morris lembra que "uma parte do processo de formação do casal, o fato de se apaixonarem, implica uma espécie de impressão olfativa, uma fixação no cheiro individual e específico do corpo do parceiro". Muitos outros cientistas trabalham atualmente na confirmação da eficácia e da especificidade de nossa comunicação química, estabelecendo um paralelo com nossas reações imunitárias.

Se há algo de verdadeiro nessas afirmativas, como acredito, teríamos aí a prova mais formidável de nossa cegueira quando recusamos ou ignoramos o que há de natural em nós. Por mais trivial que pareça, se realmente o cheiro desempenha um papel em nosso apego à pessoa que amamos, seria uma enorme aberração permitir que continuassem prevalecendo essas proibições que incitam a esterilizar os odores pessoais.

Mas não me entendam mal. Não estou falando de negligência corporal nem de falta de higiene. Uma mulher saindo do banho não tem mais nenhum cheiro de suor nem de proliferações microbianas, mas, se foi favorecida pela natureza, ainda pode ter um perfume natural. Os odores sexuais são persistentes e destinados a esse uso.

O que é prejudicial é provocar o desaparecimento, com a ajuda de desodorantes químicos agressivos, dos últimos traços da personalidade olfativa.

Numa época em que a maioria de nós tem o apetite estimulado pelo cheiro de um queijo camembert ou de um queijo munster, é incompreensível que não sejam tolerados os "perfumes de amor".

Finalmente, para concluir com uma quase piada, você precisa saber que a maioria dos perfumes famosos contém "formas diluídas de produtos de glândulas sudoríparas provenientes de outras espécies de mamíferos, que não têm qualquer relação conosco".

Em matéria de cheiros, o padrão cultural atual seria, portanto: apagar tudo que possa cheirar, ressecar e neutralizar quimicamente o que tenta persistir para, em seguida, perfumar-se com produtos cuja base provém de secreções sexuais de outras espécies.

As variações do corpo feminino em função de indivíduos e raças

Descrevi rapidamente o ideal de feminilidade atualmente em vigor em nossas sociedades ocidentais. E uma pergunta logo vem à mente: onde vamos encontrar esse pássaro raro? Ou, ainda, quem mais se aproxima dele? O material genético humano é tão complexo e diversificado que o corpo feminino pode apresentar um grande número de variações individuais e étnicas. O conjunto dessas variações determina o campo de possibilidades, no qual cada cultura escolhe seus padrões de referência.

Corpos androides e corpos ginoides

O corpo das mulheres ginoides é o mais tipicamente feminino. É o arquétipo caricatural da Vênus de busto estreito, ombros pequenos e quadris largos associados a coxas volumosas. O todo dá uma impressão de característico alargamento para baixo. Quando esse corpo engorda, com a idade ou a superalimentação, é sempre abaixo do umbigo, acentuando a diferença entre a parte de cima e a de baixo. É nesse tipo de corpo que pode desenvolver-se uma tendência à celulite. Essas mulheres têm, em, geral uma puberdade longa e difícil e menstruações irregulares durante muito tempo. Além disso, apresentam uma curva lombar exagerada e um abaixamento do arco plantar. Cedo ou tarde, terão problemas circulatórios e estarão sujeitas a varizes. Sua pressão arterial é baixa, o que as torna pouco resistentes e pródigas em indisposições de todo tipo, vertigens e desmaios. Em suma, são mulheres vulneráveis, frágeis e ansiosas.

O corpo das mulheres androides é o oposto. É maciço em sua parte superior. Pescoço largo e ombros viris. Um peito forte e um busto poderoso e bem-aberto. E de repente, a partir do umbigo, tudo se torna discreto. Uma cintura que mal se distingue, quadris de garoto e pequenas coxas plantadas sobre pernas ainda mais finas. Quando essas mulheres ganham peso, ele envolve os ombros e as costas, o peito torna-se enorme e as costuras dos sutiãs cedem. A região do estômago estufa e o todo dá a impressão de um triângulo de ponta para baixo.

Essas mulheres geralmente são sanguíneas e coradas, com varicosidades no nariz e nas faces. Na menopausa, tendem a desenvolver hipertensão arterial "hereditária". São mulheres robustas, resistentes, raramente delicadas, com grande dispêndio de energia. Tendem a ser nervosas, mas raramente ansiosas. Têm uma necessidade natural de atividade. Costuma-se dizer que são masculinas, o que as incomoda muito. Estatisticamente, são muito menos numerosas que as ginoides.

Para tornar mais clara a descrição dos dois tipos opostos de corpo feminino, fui levado a esquematizá-los, para que se tornassem expressivos. Na maioria dos casos, trata-se antes de uma mistura dessas duas tendências, e a verdade e a harmonia estarão como sempre no meio.

Devo registrar que as formas arredondadas são apenas um dos elementos distintivos da feminilidade, associado a outras características anatômicas e fisiológicas e mesmo psicológicas, mas nem por isso deixam de representar o elemento básico mais certo e expressivo.

Quanto ao gosto masculino, temos de reconhecer que a maioria dos homens sente-se mais atraída pelo modelo ginoide; e que as curvas, para serem entendidas como tais, devem situar-se necessariamente num território feminino.

Variações de acordo com raças ou etnias

O conceito de raça é uma entidade que perdeu muito do seu valor científico, e as três grandes categorias — branca, negra e amarela — não querem mais dizer grande coisa. Fala-se de etnia, e é bem melhor assim.

Quais as variações das curvas quando passeamos ao redor do planeta de olhos bem abertos? Não estou em condições de tratar da questão, e não é muito importante entrar nesses detalhes. O que quero mostrar aqui é que certas etnias sofreram mutações ao longo de sua evolução e que seu isolamento geográfico impediu que essas mutações se difundissem. As mais características dizem respeito a duas tribos africanas separadas por alguns milhares de quilômetros. Essas duas tribos resumem sozinhas todo o leque de diversidade do corpo feminino.

— As hotentotes e suas vizinhas, as bosquímanas, têm o tipo que mais horroriza a mulher ocidental. Coxas enormes, de um volume e de uma consistência desconhecidos em outras latitudes. E quando essas mulheres engravidam, o que é raro, pois vivem à beira do deserto, chegamos ao exagero das curvas. É particularmente interessante constatar que se trata de uma característica genética difusa, e que todas as mulheres dessas populações assim se apresentam há centenas de milhares de anos a seus parceiros. Estes, invariavelmente, ficam muito surpresos ao se defrontarem com mulheres estrangeiras, com biotipos diferentes. Temos, então, de reconhecer que se essa mutação pôde se instaurar, foi provavelmente porque os homens deviam achá-la saborosa.

As mulheres massais que vivem na África Oriental representam o polo oposto. Trata-se praticamente do único tipo de mulheres que são intensamente magras, esbeltas e altas. Esse caso extremo concretiza aquilo com que sonham mais ou menos conscientemente nossas mulheres ocidentais. Paradoxalmente, no entanto, as massais, apesar de magras, não são ossudas, pois seu esqueleto é de enorme delicadeza, e se lhes falta volume carnal, isso é compensado por uma modelagem muito harmoniosa. Finalmente, como para compensar essa falta de generosidade, a natureza lhes concedeu um rosto particularmente fino, que faz as delícias dos fotógrafos e cinegrafistas especializados na África.

Sem precisar ir buscar variações étnicas tão marcadas, podemos encontrá-las na velha Europa. A democratização dos meios de transporte permite-nos constatar que existem no Ocidente duas grandes correntes étnicas que modelam de maneira diferente o corpo das mulheres.

Uma corrente agrupa esquematicamente as mulheres orientais e as mulheres mediterrâneas. Uma mulher árabe, libanesa ou mesmo do Norte da África apresenta nítida tendência para a ginoidia e as formas pronunciadamente arredondadas. Uma espanhola, uma italiana, uma grega ou uma mulher nascida em Nice caracterizam-se pelos quadris e as coxas, e podemos constatar que os homens dessas etnias são mais marcados pela virilidade. Mais peludos, mais baixos porque são mais precoces genitalmente, mais tendentes à sexualidade e à possessividade das mulheres, eles desenvolvem comportamentos e culturas que protegem a bipolaridade macho-fêmea. As curvas para eles são uma bênção, e eles resistem muito mais à imposição dos modelos de magreza excessiva.

Uma outra corrente agrupa a influência anglo-saxônica, escandinava e germânica. Por extensão, veio a se difundir parcialmente nos Estados Unidos. Estamos diante de mulheres maiores, menos ginoides, de pele mais firme. Suas formas arredondadas são menos agressivas, porém mais equilibradas

Os homens apresentam uma virilidade menos afirmada, sua puberdade é tardia, e embora seus tabus sexuais sejam flexíveis, eles manifestam menos preocupação com a satisfação da libido.

É curioso constatar que a repartição geográfica das curvas é associada a manifestações sexuais mais precoces e, paradoxalmente, a culturas mais ricas em matéria de coerção sexual. Além disso, essas duas grandes correntes ocupam respectivamente o Norte e o Sul do Velho Continente, e se começarmos a investigar hipóteses mais verossímeis, dificilmente poderíamos excluir o papel do clima no surgimento dessas diferenças genéticas.

Limites da normalidade e atitudes do homem diante dos casos anormais

O objetivo deste livro é denunciar o mal causado por essa insólita e artificial paixão pela magreza e pela ausência de formas. É um tratado em favor de um tempo de novas curvas.

Mas faço questão de deixar tudo bem claro, para que sua leitura não seja perturbada por nenhuma confusão. Não estou apregoando aqui o reino das gordas e obesas. Sou um nutrólogo, e já escrevi vários livros para denunciar esse perigo. A obesidade franca e maciça é uma doença que abrevia a vida, sobretudo quando é associada a outros fatores de risco, e é importante considerar perigoso o que pode privá-lo de alguns belos anos de vida.

Aqui faço uma confissão que vai surpreendê-lo e muito. Considero muito mais perigoso esse gosto pela magreza e tudo que está culturalmente ligado a ele. Não tanto fisiologicamente, pois raramente se morre de fome por sair correndo atrás dos arquétipos ressecantes, mas psicológica e sociologicamente, pois se trata do sintoma de uma cultura e de uma sociedade perturbadas, que afeta gravemente o corpo de suas mulheres no que tem de mais natural. Uma civilização que conscientemente ou não aceita semelhante mutilação é uma civilização que ameaça as bases de um vínculo que a evolução levou milhões de anos para criar.

Acontece que esse vínculo é o casal, é a família, são os homens e as mulheres de futuro incerto de amanhã. Afirmo que existe um perigo não só por causa dessas formas arredondadas que podem parecer-lhe indiferentes, ou das mensagens odoríferas que talvez o tenham feito sorrir, mas porque estamos mexendo demais no natural e que, acuado por todos os lados, como o último reduto dos bravos que morrem mas não se rendem, ele corre o risco de nos deixar na mão.

Dito isso, se considerarmos as curvas como naturais, quais são seus limites e a partir de que momento elas se tornam francamente anormais?

Vou responder como biólogo, vale dizer, em três tipos de circunstâncias muito específicas que ameaçam o indivíduo ou a espécie.

A primeira, quando acarretam um problema funcional nos atos da vida cotidiana.

A segunda, quando ameaçam abreviar a vida pelas doenças que lhes sejam associadas.

A terceira, quando provocam repulsa sexual na maioria dos homens.

As duas primeiras circunstâncias são tão evidentes e de fácil caracterização que não levantam qualquer objeção. Sobre a terceira, posso falar-lhe com tranquilidade, pois se inscreve no contexto da minha profissão. Tenho contato regular com obesas, e às vezes obesas mórbidas, que encontram dificuldade para entrar no meu elevador, e recebo também mulheres suficientemente magras para buscarem uma consulta, e o que me impressiona é constatar que as obesas praticamente nunca têm problemas sexuais. Por maiores que sejam, seus maridos se queixam, se aborrecem, chegam inclusive a espaçar as relações sexuais, mas nunca as interrompem. Tive contato com mulheres de 150 kg, com enormes dificuldades para se vestir e se locomover, mas que tinham um orgasmo por dia.

A magreza extrema é muito menos confortável na cama, e, por mais paradoxal que possa parecer, tratam-se de mulheres que mendigam em vão o acesso ao prazer.

Sei que você terá dificuldade de acreditar, eu fui o primeiro a me espantar, mas é uma constatação cotidiana que aceitei. Sei de casos de mulheres que rejeitam qualquer atividade sexual, pois sentem vergonha do corpo, e se sentem feridas pelo olhar do outro. Essas mulheres que me consultam muitas vezes são acompanhadas pelos maridos, e se eles insistem em que elas emagreçam, é muitas vezes com o objetivo claramente declarado de voltar a tocar o corpo da parceira.

Conheço casos, naturalmente raros, de comunidades africanas e orientais em que os homens, ricos e poderosos, literalmente empanturram suas mulheres para transformá-las em autênticas obesas experimentais. Mas tranquilize-se, não são grupos canibais, eles apenas têm uma estranha atração pelo volumoso e pela gordura feminina.

Num belíssimo filme de Fellini, *Amarcord*, há uma cena dionisíaca e provavelmente autobiográfica na qual um adolescente de libido fortemente ativada é subjugado e fascinado por uma merceeira de um volume monstruoso. Levantando aquele homenzinho, ela o envolve nas duas mamas, num clima de fim de mundo e volta ao ventre materno.

Num outro filme não menos célebre de Ingmar Bergman, *Gritos e sussurros*, uma jovem que se sabe condenada e espera ansiosa a morte tem esse mesmo reflexo de volta às fontes da vida, agarrando-se histérica ao corpo opulento da criada.

Esses exemplos confirmam que no inconsciente coletivo universal dos homens a monstruosidade extravagante das formas femininas é um arquétipo de vida e abundância. Pode parecer-lhe estranho, mas o inconsciente faz escolhas binárias, e a carne macia palpita com vida, ao passo que a magreza prenuncia a morte.

Também cuido de casos de magreza. Muito menos desde que a moda passou a premiá-la permanentemente. Mas as verdadeiras magras sentem confusamente que estão sendo enganadas, e o que é um sonho não confessado das mulheres de boa saúde revela-se nelas um pesadelo biológico. À parte certas perturbações de que falarei no capítulo dos excessos ligados ao emagrecimento voluntário, a magreza sempre ameaça a sexualidade. Vestindo-se com roupas bufantes e sem forma, elas podem enganar, mas perdem os amantes quando cai essa última camuflagem. Resta-lhes apenas, para sua satisfação, os pervertidos obcecados com o gosto do mórbido, e me recordo da estranha sensação que me causaram as confissões de uma de minhas antigas pacientes.

Inicialmente, ela parecia bem magra. Despida, era ossuda e parecia desnutrida. Pensei que estivesse me procurando para que a ajudasse a recuperar algum peso, e fiquei apavorado quando me disse que queria emagrecer mais.

No entanto, era uma jovem inteligente, e eu consegui dialogar com ela. Fiquei sabendo, assim, que ela tentara de tudo para recuperar peso, mas em vão. Era naturalmente magra, e todas as tentativas de engordar tinham fracassado. Ela se deu conta, então, de que existe uma categoria de homens raros, sexualmente perturbados, aos quais poderia agradar se chegasse ao limiar do impossível. Ela me contou suas experiências e ainda hoje sinto um estranho mal-estar ao me lembrar de sua miserável sexualidade. Sempre o mesmo tipo de homem que gostava de acariciar uma coluna vertebral e uma grade costal à qual só faltava o frio eterno.

Ela me confessou, e quase hesito em escrevê-lo, que às vezes resistia durante mais de três dias à tentação de comer, para poder se apresentar no dia do encontro.

Todos os meus argumentos se deparavam com uma única resposta: "Nenhum homem normal quer saber de mim, restam-me apenas certos pervertidos, e eu não posso engordar, portanto ajude-me a emagrecer ainda mais."

Encaminhei essa mulher a um neuropsiquiatra, que tratou do caso numa publicação muito interessante, mas não conseguiu fazê-la mudar de ideia.

Esse caso, felizmente raríssimo, confirma que a magreza excessiva afasta o desejo sexual. Não sei se acabarei por convencer que os homens preferem as curvas, mas posso garantir que os homens têm horror das magrelas.

As curvas através dos tempos

Falei aqui dos padrões atuais e do que se convencionou apreciar na mulher de hoje. Você deve ter percebido que estou em total desacordo com esses imperativos. Mas conhece apenas uma parte dos meus argumentos.

Gostaria agora de insistir num dado que considero fundamental. Por mais que recuemos nosso olhar, nunca houve uma moda da magreza que se assemelhasse de perto ou de longe à que enfrentamos atualmente. Nós não somos a regra, somos a exceção, e existe nessa singularidade algo que deveria servir de alerta. O homem existe há 1 ou 2 milhões de anos, e em qualquer parte a beleza feminina sempre foi associada às formas arredondadas e ao desabrochar. Entretanto, há duas gerações, com a arrogância dos recém-chegados, lançamos um olhar cheio de desprezo para o que encantou nossos antecessores.

Tenho certeza de que entre vocês haverá certamente um especialista para argumentar que, segundo os registros culturais de que ainda dispomos, podemos observar que as estátuas de baixos relevos egípcios nos mostram mulheres bastante finas e magras. E que certas madonas do Oriente Médio não são propriamente vênus calipígias. Reconheço, mas você terá percebido que, se menciono a objeção, é para melhor contestá-la. A arte egípcia e a arte medieval são protótipos de arte essencialmente religiosa, inteiramente dependente dos defensores do sagrado na época. Criar imagens de uma deusa ou de uma madona carregada dos sinais de apelo da sexualidade em ação teria sido inconveniente, e poderia levar ao túmulo ou à fogueira.

Mas não vamos aqui nos adiantar. Sei perfeitamente, por ser o meu tema, que é difícil sequer imaginar que sejamos a primeira geração do gênero humano a ter construído um modelo idealizado de magreza. Quando afirmo que os homens preferem as curvas, sei perfeitamente que estou causando espanto naquelas mesmas mulheres que mais deveriam me estimular. A cegueira cultural é de tal ordem que facilmente me seria atribuído o gosto do paradoxo. Mas se existe um paradoxo, ele reside, antes, na enorme desproporção entre as 80 mil gerações que adularam as curvas e a miserável geraçãozinha isolada e insolente que nós somos, que proclama um gosto decadente e perigoso pela magreza.

Se você não acredita, é por não estar suficientemente informado.

Os primeiros homens da Pré-História

Esses homens e essas mulheres não sabiam escrever, mas sabiam desenhar e pintar. Altamira e Lascaux são autênticas maravilhas da arte universal. E muitos especialistas afirmam que sua estilização não nos impede de reconhecer as espécies animais ali tão bem desenhadas. Os homens propriamente são muito pouco representados nesses afrescos. Observamos alguns caçadores em movimento, armados segundo as técnicas da época, mas há poucas informações sobre seu corpo. As mulheres, em compensação, são representadas com muito mais frequência, e em seu caso a mensagem é clara e patente. Não são as formas arredondadas que primam, mas o volume. Esses corpos femininos são tão imponentes, tão abundantes e pesados que não podemos nos impedir de ver neles um símbolo de fecundidade. A opulência chega às raias da monstruosidade, e os quadris e as coxas dão ao corpo o aspecto de um losango. Existem algumas estatuetas muito pequenas de osso ou chifre que cabem na mão. Basta tê-las segurado uma vez para entender quais deviam ser as fantasias desses primeiros homens. Mas haverão de me retrucar que essas pessoas eram tão primitivas que fizemos muito bem ao mudar de costumes e preferências.

Não estou tão convencido disso. Esses primeiros homens viviam em estado natural. Sua cultura era rudimentar ou quase inexistente. Sua mensagem, assim, certamente é a mais pura, aquela que mais se aproxima de nossa programação biológica básica. Se um homem dessa época afirmava através de seus testemunhos artísticos que venerava as formas arredondadas a ponto de caricaturá-las, não era certamente para atender às necessidades de uma moda passageira, mas para transmitir, em estado bruto, talvez de forma rudimentar, a voz de sua natureza profunda. Para convencer-se disso, basta pensar nas horas que eles deviam dedicar à caça para empanturrar até a obesidade as mulheres que apreciavam.

Os atuais povoados primitivos

Os etnologistas recensearam praticamente todas as populações primitivas que ainda vivem atualmente. A diversidade desses grupos humanos, espalhados por vários continentes, revela grandes diferenças genéticas e culturais. Seu total isolamento durante milhares de anos permitiu mutações complexas que impedem qualquer comparação no que diz respeito à morfologia do corpo feminino. Entretanto, que eu saiba, não existe nenhuma tribo primitiva que imponha culturalmente a magreza às suas mulheres. Em geral, elas se atêm ao que a natureza modela com maior ou menor generosidade, em função das latitudes e dos recursos alimentares.

É evidente que a maioria dessas populações está em vias de extinção, levando uma vida de caça ou nomadismo que dificilmente poderia tornar as mulheres muito volumosas. Entretanto, cabe notar — sendo este um indício que pode nos interessar — que as esposas dos chefes ou notáveis muitas vezes são mais arredondadas que as outras. Todavia, como são mais bem-alimentadas, esse argumento é insuficiente.

Em compensação, encontramos com certa regularidade, em sua arte e em suas manifestações gráficas, símbolos de fertilidade estilizada que estranhamente lembram os dos primeiros homens.

Podemos assim acreditar que as tribos primitivas respeitam o modelo natural, mas que suas fantasias de plenitude e opulência femininas, projetadas em suas manifestações artísticas, revelam mais suas aspirações que sua realidade. As formas arredondadas, portanto, ainda conservam entre eles esse caráter de idealização e indício exterior de riqueza.

O Oriente, berço das civilizações

Não pretendo investigar sistematicamente todas essas culturas que foram o primeiro momento das civilizações. Não é o objetivo deste livro. A descoberta da agricultura deve-se provavelmente às mulheres, que ficavam em casa observando involuntariamente o brotar das sementes. A criação de gado foi desenvolvida por caçadores que provavelmente esqueceram de estrangular pequenos animais selvagens ainda sendo amamentados e tiveram a surpresa de conseguir progressivamente domesticá-los. Essas duas inovações permitiram ao homem fixar-se e não depender mais da caça.

Foi então que surgiram as primeiras manifestações artísticas. Assur, Elam, Babilônia, Nínive, Tebas, Carnac, todas essas formidáveis eclosões culturais se espalharam por um território pouco maior que a França, assistindo à confluência, ao confronto e às vezes à mistura de duas grandes correntes étnicas: a indo-europeia e a semítica.

As guerras permanentes parecem ter absorvido a violência e a energia que o homem utilizava para caçar. Mas ao abrigo do perigo, longe dos campos a serem cultivados e dos animais a serem guardados, surgiram o artista e o sacerdote. O artista dessas épocas não era livre, seu papel era glorificar por meio de suas produções os chefes e os reis, servindo ao clero que precisava de imagens para impor seus deuses.

E o que aconteceu com as mulheres e seu corpo em meio a essas relações de batalha e a essas estilizações divinas? É evidente que elas ocupavam um lugar secundário. O homem tomou o poder em toda parte, reinando até sobre a representação figurada. Entretanto, à margem das grandes obras monumentais e gloriosas, encontramos cenas da vida cotidiana, e fica claro, especialmente nas civilizações de base semítica, que o ideal ainda eram as formas arredondadas.

Todas essas guerras cruéis e selvagens regularmente faziam rolar as cabeças coroadas, e a cada vez com os mesmos desdobramentos. Bandos bárbaros de sangue novo e vivo chegavam para destruir civilizações em decadência em meio ao conforto e à riqueza.

Até que tudo entrou em ordem com a chegada de dois ogros que tomaram conta do terreno, engolindo todos os demais beligerantes: os persas e os egípcios. Era o fim da grandeza temporal das civilizações semíticas.

Os persas são a vanguarda indo-europeia. Suas mulheres são menos ginoides, mas seus escravos semitas devem ter acabado por lhes dar o gosto pelas curvas, pois suas representações mostram mulheres confortáveis.

Os egípcios chegaram a constituir problema, pois sua arte é marcada por uma rigidez religiosa e severa. E a maioria das mulheres figuradas são deusas raramente curvilíneas. Mas essa ausência é significativa, pois se a deusa da Morte é destituída de suas curvas e de suas formas redondas, é para inspirar terror.

Todas essas representações femininas de deusas destinam-se a impressionar as massas, podendo inspirar medo, respeito, idolatria, confiança, mas em hipótese alguma devem despertar a sexualidade. Os sacerdotes são intransigentes a esse respeito. É preciso desencarnar no sentido literal, ou seja, privar essas estátuas de carne. Fica difícil saber, assim, qual era exatamente o gosto dos egípcios.

As musicistas de Djeser Kareseneb ilustram afrescos que não são destinados aos reis nem às rainhas ou aos sacerdotes. Ornamentam o túmulo de um artista que deve tê-las confeccionado ainda vivo para se convencer dos atrativos do além. Ali, desapareceu toda rigidez convencional, e podemos ver uma dançarina e duas musicistas cuja beleza e a graça fazem desses poucos centímetros de gesso pintado uma das maravilhas da arte universal. Não sei se essas três jovens isoladas são representativas de 3 a 4 mil anos de culturas e modas, mas é possível ver que esses corpos parecem palpitar com vida. Pessoalmente, acho-as curvilíneas, provavelmente com as curvas mais equilibradas que conheço, sem qualquer volume inútil ou pesado. Corpos adelgaçados, flexíveis, finos e graciosos, mas com seios bem-afirmados, quadris e coxas arredondados, mas leves. Mas essas formas são tão belas e puras que ficamos nos perguntando se existiram realmente ou se seriam simples invenção do artista, reflexo de uma aspiração universal.

A Grécia antiga: os padrões definitivos da beleza

A Grécia foi povoada por invasões sucessivas que acresciam habitantes aos que já estavam lá. Mais uma vez, os indo-europeus estavam em ação. E nesse caso o milagre aconteceu sem qualquer aviso prévio. Um milagre difícil de imaginar. Antes deles era o caos, a guerra, a anarquia, em meio aos quais a força e o medo eram os únicos elementos conferindo alguma coesão a todos esses impérios que caíam sucessivamente.

Os gregos, de sua parte, quatro séculos antes de Jesus Cristo, já lançaram as bases da democracia, do teatro trágico, criaram as mais belas realizações arquitetônicas que o mundo conheceria e, sobretudo, talvez com mais brilho que em qualquer outra parte, deram origem a uma estatuária cuja perfeição jamais igualamos. Com isso, no entanto, e é aqui o que nos interessa, definiram de uma vez por todas a noção de harmonia do corpo humano. Quando observamos as realizações de Fídias ou Praxíteles temos a impressão de que, num momento de desvario, a natureza talvez lhes tenha revelado a receita da harmonia universal.

Os afrescos do Partenon, a *Vênus de Milo*, a *Afrodite* de Cnido nos mostram os padrões da beleza grega. Mas esses padrões tiveram um estranho destino. A Grécia política pode ter desaparecido, dominada por outros impérios, mas o arquétipo grego permaneceu, e todos os dominadores que sucessivamente a invadiram foram por sua vez colonizados no interior e não puderam se eximir de ver o mundo pelos olhos dos gregos. Ainda hoje, os padrões de Fídias continuam sendo nosso critério de base. Todo artista que passa por uma escola de arte fica impregnado por essa visão, e se, levado pelo gosto da novidade ou do insólito, criar formas e relações diferentes, precisará manter na memória um sistema de referências. A harmonia grega é a bússola de todos os criadores figurativos.

E como era que os cidadãos de Atenas viam o corpo da mulher, quatro séculos antes da nossa era? É difícil descrever esse modelo, pois se trata do equilíbrio absoluto. Nele, tudo decorre da dosagem que convém, sem surpresas. Os seios são bem-proporcionados, nunca pesados. A cintura é marcada, mas não acentuada, os quadris são desenhados, mas se limitam a compensar a curva da cintura. As coxas são arredondadas, mas sem deformação nem volume excessivo. O conjunto dá uma impressão de estrutura global na qual as partes se unem para formar um todo. Eis a beleza grega, encarnação da pureza feminina

Pode ser interessante, assim, questionar esses semideuses, criadores revelados, sobre o que pensavam a respeito das formas arredondadas. Eles as amavam, pois elas estão presentes em toda parte, mas à sua maneira, vale dizer, sem nenhum exagero e sem jamais romper as relações de equilíbrio. A prova irrefutável da presença da curva e das boas proporções em sua equação da beleza é que, infelizmente, nenhuma mulher de hoje aceitaria assemelhar-se a uma Vênus da época.

Tenho no meu gabinete há muito tempo uma foto de uma indígena calipígia e uma foto da *Vênus de Milo*. Elas estão em posição de suficiente evidência para que o olhar possa deter-se nelas sem indiscrição. As reações femininas a esses dois tipos de morfologia me interessam muito. Nunca vi uma única mulher que não tivesse um movimento de rejeição diante da mexicana ginoide. A *Vênus de Milo* provoca reações muito diferentes e muito mais complexas. Ela transmite imediatamente uma impressão de harmonia, qualquer que seja o nível cultural e social. A grandeza e o segredo dos gregos foi ter encontrado a combinação que abria as portas da beleza em cada homem e mulher. Essa percepção estética abstrata, no entanto, não provoca nenhum reflexo de inveja, e a maioria das mulheres acha essa Vênus fora de moda.

Já os homens reagem de maneira diferente, revelando assim sua melhor resistência aos imperativos culturais. Diante da mexicana, assisto muitas vezes a um tipo de reação atrevida. Mas quando lhes peço uma opinião mais pessoal, eles ficam embaraçados. Diante dessa estátua de mármore curvilínea, sinto a ambivalência de uma imaginação feliz de poder imaginar a consistência de um tal volume e o efeito da coerção cultural que decreta que esse tipo de mulher não é apresentável.

Diante da estátua grega, devo admitir que, mesmo reconhecendo o quanto é magnífica, poucos homens se declaram sexualmente inspirados.

Refleti muito sobre essas diferenças de concepção entre os dois sexos. Elas expressam à perfeição o fato de que o corpo feminino e suas formas arredondadas não foram feitos para excitar as mulheres. A mensagem está voltada para os homens. Se as mulheres começarem a abrir nossa correspondência, que o façam sem tentar desacreditá-la. Se amanhã o espelho deixasse de existir, os homens não seriam muito diferentes. Mas as mulheres recuperariam boa parte de sua confiança, e, por isso mesmo, de sua sedução.

A única reação que não compreendo inteiramente é esse tipo de indiferença sexual dos homens diante da *Vênus de Milo*. A harmonia que dela se desprende é de tal ordem que ela se torna abstrata, e é possível que seja difícil conceber sexualmente o que não passa de um modelo de equilíbrio.

De modo que os gregos também vieram confirmar com sua estatuária que preferiam as arredondadas e que as curvas eram inseparáveis da feminilidade. Mas sua arte era muito mais que um simples reflexo dos gostos da época, e acabou por se impor como referência absoluta e clássica do belo. Vindo de tais artistas, o valor desse testemunho supera o alcance de tudo que me poderia ser proporcionado por outras civilizações.

A concepção romana das curvas

Os romanos se distinguiram na história universal como o protótipo do invasor e do legislador. Como legisladores, legaram-nos sua noção do direito, base da ordem ocidental. Como invasores, acabaram digerindo tudo que tenham conquistado pelo sabre. O único botim que lhes ficou preso na garganta foi a arte grega. E esse foi o único farol artístico que eles seguiram com paixão até seu declínio. Por esse motivo, era previsível que seus padrões culturais da beleza feminina fossem calcados nos de Atenas. As formas arredondadas, assim, continuaram na moda, iluminando o corpo das mulheres de Roma. Isso nos interessa muito, pois foram eles que nos transmitiram uma parte de nossa latinidade, enxertando-a numa base de impetuosidade gaulesa. Roma era uma grande encruzilhada que se abria para a perspectiva ocidental. Cinco séculos de dominação do mundo em nada mudaram a concepção das curvas, que continuaram mantendo seu lugar no coração dos homens.

A Idade Média

A Idade Média começa com o fim de Roma, acabando com o Renascimento italiano. É um período de obscuridade para as curvas. O paganismo dá lugar ao catolicismo triunfante, e com ele ressurgem os tabus sexuais. A arte, inteiramente encomendada por um clero austero, não desafia as proibições.

Desse modo, nenhuma produção pictórica ou gráfica ousa expor o corpo da mulher em sua nudez; ou, quando o faz, é com infinitas precauções, para manter longe qualquer tentação erótica. E as curvas são tratadas como um explosivo perigoso.

Para saber o que era apreciado nessas épocas sombrias, mais vale voltar-se para leigos, ou, melhor ainda, para os senhores da guerra, irreverentes e violentos, caçadores impenitentes e apreciadores das mulheres. Sua resposta é clara e inequívoca: fora das curvas não há salvação, e as magras podem até ser suas mulheres, mas nunca suas amantes.

Desse modo, a Idade Média exprime uma dupla concepção das curvas: uma linguagem sagrada que vê nelas uma tentação do diabo, provando, assim, que não se sustenta, e uma linguagem profana que, preservando o bom senso, antes vê nelas a mão de Deus e as reverencia como tal.

O Renascimento italiano

A Idade Média morreu por conta da própria austeridade e do próprio obscurantismo. Temos então o retorno à Itália cantante, e aqui a demonstração fica absolutamente fácil. De Botticelli a Michelangelo, a carne sublime volta a aparecer, e a opulência proporciona a todos esses artistas uma inesperada oportunidade de manifestar seus dons. E, por sinal, como imaginar que esses gênios calorosos e vigorosos escolhessem suas modelos entre as esqueléticas da época? O século é da opulência das formas, das cores e da luz. A carne é fraca, mas é cheia e firme. E a Gioconda, apesar de envolta em panos e pintada da cintura para cima, deve ser imaginada com formas arredondadas. As próprias madonas, pela graça de Rafael, conseguem manter-se virginais, apesar das curvas que já não poupam sequer os quadros religiosos.

Curvas, gênios e Renascimento andam juntos.

A Europa moderna

Lá se vão 2 milhões de anos de Pré-História e 45 séculos de história desfilando diante de nós, e até agora nenhuma moda, nenhuma cultura anterior que ousasse conceber e realizar um ideal de magreza e uma tentativa tão caracterizada de desaparecimento das formas.

Será que preciso continuar enumerando provas que você talvez já conheça, mas das quais nem sempre lembra, quando o tamanho 38 já não lhe serve, sendo preciso se resignar com as roupas de número 40?

Para não aborrecer você, vou tomar um atalho para atravessar os últimos séculos que nos separam ainda da mania da magreza. E para ser mais interessante, vou dar belos exemplos de artistas perdidamente apaixonados pela opulência e pelas curvas.

• Rembrandt era holandês, e suas mais belas modelos também, embora ele as disfarçasse com nomes bíblicos. Não surpreende que sua Betsabá respire abundância. Os próprios rostos não resistem à tentação da plenitude. No Museu do Louvre, é possível constatar que um dos maiores artistas do mundo não disfarçava os volumes.

• Rubens também era holandês, e um pintor de corte internacional. Dizem que suas encomendas eram tão numerosas que ele não pintava pessoalmente todos os seus quadros. Limitava-se a dar as últimas pinceladas, tornando a carne viva e luminosa. Mas eu nem tenho coragem de lhe falar do que ele pintava. Defender hoje em dia semelhante concepção das formas femininas é praticamente indecente. Aqui, já não se trata de forma, mas de uma invasão da gordura. E talvez ainda mais: a obesidade, mas uma obesidade resplandecente, que não se envergonha, que invade tudo, devorando até a luz e as cores. A uma distância de apenas três séculos de nós, um homem cujas obras são disputadas por todos os museus.

Os reis da época, os grandes de todas as cortes, pagavam preços exorbitantes para conviver com um tal espetáculo, para tê-lo constantemente sob os olhos.

Parece difícil de acreditar, mas é verdade. Rubens foi o europeu que mais exaltou a gordura triunfante, sendo acompanhado por todos que tinham alguma influência em seu grande século. Sendo assim, você, leitora, que está lendo este livro e que tem formas arredondadas não vá chorar, julgando-se anormal, pois simplesmente não nasceu no século certo, ou mesmo no meio ou no quarto de século que convém à sua anatomia. Não perca as esperanças, sessenta séculos de história a contemplam, e não acham o seu caso assim tão desesperador.

Rubens morreu rico e deixou saudades; legou uma produção que permitiu ao seu nome atravessar os séculos. Despediu-se com saudades de uma cultura europeia insaciável de prazeres e de homens cheios de apetite pela abundância feminina.

Os impressionistas

Os impressionistas representam a última grande mudança de direção antes da arte moderna. Sua revolução se fez através da luz e da tentação de pintar ao ar livre. Na escolha dos modelos, limitaram-se a recorrer às mulheres de sua época. E tampouco aqui vamos encontrar surpresas. Pescoços generosos e quadris eventualmente reforçados com enchimentos. O conjunto mergulhado num turbilhão de cores naturais, vivas e ensolaradas.

Le Déjeuner sur l'herbe de Manet, atualmente no museu da Orangerie, ocupa uma parede inteira no primeiro andar. Como moro perto, vou com frequência passear por ali. E sempre me surpreendo por ver que esse quadro, que causou em sua época um autêntico escândalo, continua a chocar os espectadores atualmente. Na época, a provocação vinha da nudez da mulher participando de um piquenique cercada de homens vestidos e banhada numa luz insólita.

Hoje são apenas as formas arredondadas e sua plenitude que incomodam ou causam riso. Costumo às vezes misturar-me aos visitantes que se detêm por um instante diante desse quadro impressionante. As reações partem normalmente de mulheres jovens, em sua maioria estudantes, que não conseguem entender que mulheres assim pudessem ser sedutoras:

"Que época estranha! Os homens não tinham sorte", — disse certa vez uma dessas estudantes, participando de uma visita em grupo. "Talvez esse senhor Manet gostasse especialmente desse tipo de mulher."

"Não é a minha impressão, esses pintores nos contam o que veem. O único que talvez gostasse muito de carne fresca era Renoir, o rei da madrepérola e das ruivas."

"Sim, eu vi no andar de baixo. É uma arte magnífica, mas a modelo, sua criada ou sua sobrinha, é realmente monstruosa. Por que ele não pintava mulheres normais?"

E ficamos por aí, pois qualquer tentativa de argumentação nos levaria longe demais. Vendo-a afastar-se ao encontro do seu grupo, fiquei observando o seu corpo. Uma jovem como tantas hoje em dia: magra, alta, reta. Foi juntar-se aos outros rapazes e moças da sua idade. À distância, achei-os um pouco iguais, vestindo os mesmos jeans, as mesmas botas, as mesmas camisas. Os cabelos cortados curtos e mal penteados. E pude então entender sua reação. Ela devia ter 20 anos, e há bem uns dez anos, desde que começaram as primeiras manifestações de vaidade, ela devia estar ouvindo, em perfeita inconsciência, as grandes palavras de ordem culturais. Ver as mais velhas de calças, ler as revistas femininas com manequins célebres pavoneando-se bronzeadas e ossudas nas praias do Pacífico para vender biquínis. As atrizes de cinema veneradas, os comerciais de água mineral emagrecedora e até as heroínas de histórias em quadrinhos parecendo autênticas tábuas.

Como seria possível duvidar de semelhante mensagem quando ela parece tão forte, tão onipresente, tão unânime, e quando se é tão jovem, tão inocente, tão impressionável?!

Foi talvez nesse dia, diante do *Déjeneur sur l'herbe* que causou escândalo pela sua nudez, e pelas formas arredondadas da modelo, que me veio a ideia de escrever este livro. Quero aqui registrar o desejo, lá no fundo, de ser lido por essa jovem que certamente vai se reconhecer ao percorrer estas linhas.

Renoir morreu em 1919. O século já passara por uma guerra. Um velho cheio de reumatismo, com os dedos deformados e doloridos, que se recusava a morrer para continuar pintando com obstinação essas formas cujo fim próximo talvez pressentisse. E sempre a mesma coisa. Nenhuma tentativa de ressecamento dos volumes. Muito pelo contrário, a essa altura ele alcançou a fama e sua morte em nada muda a situação. Ainda existem seguidores, amantes das curvas.

Maillol

Já que estamos no Louvre, vamos aproveitar. Ou podemos sair pelas Tulherias e percorrer os trezentos metros que nos separam da esplanada do Louvre. A partir da rua de Rivoli, deixemos à esquerda a estátua equestre de Joana D'Arc e tomemos a direita para chegar às margens do Sena. Ali, de ambos os lados, sobre pedestais parecendo sair do gramado, encontram-se seis ou sete maravilhas esculturais que a França escolheu para celebrar um de seus grandes artistas: Maillol.

Eu bem que gostaria de saber quem tomou a decisão de semelhante exposição permanente, e que espero seja definitiva. Agradeço pessoalmente a esse administrador desconhecido. E se a iniciativa partiu de Malraux, ficaria encantado por saber que essa homenagem póstuma dirige-se a alguém que sempre admirei.

Diariamente, centenas de ônibus, táxis e automóveis particulares passam diante do espetáculo reparador desses bronzes palpitantes com sua vida e suas formas. Mas minha satisfação para por aí, pois fico pensando em todas as mulheres que os contemplam, e cuja reação bem conheço. Quantas vezes não comentei essas estátuas, em conversa com mulheres cultas, refinadas ou mais simples, e invariavelmente o que faltava era o bom-senso. "É belo, mas é feio. É belo em si, mas é feio para a gente."

"Se eu fosse desse jeito, nunca iria a uma praia." Tive a sorte de conhecer a modelo que inspirou Maillol, durante visita a uma exposição parisiense, entrando por curiosidade numa galeria de arte onde eram expostas telas de Doucet. Depois de percorrer a exposição, encontrei-me com a diretora, que me perguntou se ela tinha me agradado. Começamos a conversar sobre arte, e, com toda inocência, ela perguntou se eu gostava das estátuas de Maillol, as mesmas de que falava mais acima. Você já sabe minha resposta. E então, com um enorme e radioso sorriso, ela perguntou: "Mas o senhor sabe quem foi a modelo dessas estátuas?"

E diante do meu embaraço: "Sou eu, meu senhor, Dina Verny; não foi nada fácil ficar em todas aquelas posições incômodas."

E como eu fiquei olhando, espantado, ela disse: "Eu sei, o senhor deve estar surpreso, eu mudei muito desde então. Mas o fato é que sou sua herdeira universal, posso certificar toda a sua obra. Conheço-a de cor. Uma estátua leva muito tempo para ser modelada, sabia?"

É sempre impressionante ver o modelo vivo de obras que imaginamos provenientes de um outro mundo, o mundo da criatividade. E também tranquilizador. Não voltei a vê-la, mas durante muito tempo a saudava do volante do meu carro.

Vou encerrar meu inventário com Maillol. Estamos no limiar da última guerra mundial. Pascin se suicida depois de ter pintado a vida inteira corpos que logo ficariam fora de moda. De 1940 a 1945, homens provenientes dos quatro cantos do mundo combateriam em nosso continente. Mas qualquer que fosse seus uniformes, esses homens traziam com eles a imagem de suas belas. E você pode apostar que todos eles ainda amavam as curvas.

Consequências do conflito magreza-curvas

Dediquei a primeira parte do livro à análise das curvas naturais. Repito mais uma vez, para não haver confusão, que essas formas não estão ligadas ao peso ou à simples sobrecarga. O estilo de alimentação, os excessos da mesa geram apenas mulheres obesas, nunca curvilíneas. As curvas e as formas generosas são questão de hormônios e de feminilidade, e se as formas arredondadas não existissem, o corpo da mulher seria de uma total neutralidade, e por isso mesmo difícil de diferenciar.

Se você quiser uma prova suplementar e decisiva, vou falar aqui dos travestis, que às vezes examino. Levados pelo desejo fantasioso de se investir de um sexo que a natureza não lhes deu, alguns não hesitam em absorver doses consideráveis de estrogênio, o hormônio feminino por excelência. E você sabe o que acontece nesses casos? Seus corpos mudam. Em questão de semanas, aparecem seios e ao mesmo tempo seus quadris e suas coxas ganham corpo. E por mais surpreendente que pareça, os sinais característicos e biológicos das formas arredondadas se manifestam em sua antiga silhueta masculina. Poderia haver uma prova mais convincente da natureza puramente sexual dessas formas? Quem poderia me explicar de outra maneira uma metamorfose tão radical?

Volto a dizer, essas características anatômicas têm uma única função, que, no entanto, é importante: fazer a diferença e permitir aos dois polos, feminino e masculino, se reconhecerem e se atraírem. E a finalidade suprema dessa convenção é a reprodução da espécie.

No segundo capítulo, tentei mostrar-lhe que somos a primeira e única geração humana que pretendeu mexer nesse mecanismo de precisão que a natureza experimentou e fez funcionar em tudo aquilo que vive.

Nossa espécie é muito adaptável — dizem que isso a caracteriza —, tendo permitido seu prodigioso êxito ao superar todos os vizinhos. E eu concordo. Mas será possível manter por muito tempo o vínculo afetivo e sexual se estamos indefinidamente aparando as diferenças? Pessoalmente, respondo que não, e digo por quê. As consequências desse conflito são graves, indo além da questão das formas arredondadas. Pois se olharmos mais de perto, quando se tenta reduzir a diferença entre homens e mulheres, não se mexe apenas nas formas, mas também, o que talvez seja ainda mais grave, se tenta modificar o comportamento e os respectivos papéis. Quando se induz a mulher a trabalhar, a se tornar mais agressiva, reivindicando mais, mais uma vez a diferença se vai. Quando ela é induzida a perder o interesse pelo lar e a se dedicar menos aos filhos, a defasagem se reduz mais. Se o homem por sua vez perde em matéria de autoconfiança, de gosto pela proteção, de virilidade, provavelmente acabaremos por nos assemelhar tanto que não estou muito convencido de que tenhamos sempre a mesma vontade de nos unir. O bom-senso popular diz que só *os opostos se atraem*. Os biólogos o confirmam sem restrições. O que acontecerá se perdermos tudo aquilo que nos opõe e nos torna contrários? Não haverá mais polos positivo e negativo, apenas vagos polos neutros que não terão mais motivos para ir em direção um ao outro.

Mas voltemos às formas arredondadas. Está claro hoje em dia que elas não estão mais na moda. Não é uma opinião, mas uma constatação. Creio que nesse ponto não serei desmentido. Faço então uma pergunta simples: o que fazer com todas as mulheres que não estão de acordo com esse imperativo cultural? Já foi inventada, com essa finalidade, uma máquina de apagar as formas femininas? Não que eu saiba.

Então, o que sugerir a essas mulheres impacientes por não serem capazes de se conformar à regra? O que se faz é zombar delas, oferecendo-lhes cremes milagrosos, ou, sendo um pouco mais sérios, recomendando que procurem um médico! E eu sou um desses médicos que cuidam da nutrição e sabem exercer sua profissão quando se trata de obesas ou pacientes cujas formas, por mais femininas que sejam, ameaçam tornar-se caricaturais. Mas quando se trata de mulheres perfeitamente normais, equilibradas, e eu diria mesmo privilegiadas, o que podemos dizer-lhes? Quando duvidamos de sua doença imaginária ou ficamos nos perguntando sobre sua intoxicação essencialmente cultural, corremos o risco de passarmos por maus médicos ou pelo menos por antiquados de outro século. O que não é grave em si mesmo, mas nada resolve.

E essas mulheres sem rumo acabam por chegar ao raciocínio inevitável: emagrecer será a única maneira de perder essas formas. Perder peso fará com que eu perca medidas e, mais cedo ou mais tarde, perderei as coxas, os quadris e os seios. Prefiro dizer-lhes que vai demorar. Meu falecido mestre, Marcel Zara, que já era médico no fim da guerra, recebeu a triste missão de inspecionar os campos de morte nazistas, e me afirmou que viu mulheres de cabeça raspada, desnutridas e magras até os limites do possível, e que tinham preservado formas ligeiramente arredondadas, único indício que lhe permitiu ainda assim reconhecer que se tratava de mulheres. Posso dizer-lhe também que ele identificou essa característica até em mulheres mortas de fome. De modo que emagrecer não é uma solução para o ódio às formas. Seria tão mais simples *modular* um pouco o tabu.

Não quero ir mais longe, desordenadamente, levado pela veemência e a vontade de convencer. Existe uma proibição das curvas e existem mulheres curvilíneas. Eu diria mesmo que é só o que existe, à parte algumas exceções. Esse dilema, essa oposição natureza-cultura, gera perturbações e consequências tanto no homem quanto na mulher, e é o que veremos neste capítulo.

Neurose animal por pulsões contrariadas

O instinto sexual do homem é programado para captar, se emocionar e reagir diante das formas arredondadas da mulher. Acontece que hoje em dia tudo conspira para desacreditar e mesmo inverter o valor sexual dessa mensagem. Como o homem vai reagir? Certos biólogos tentaram experiências dessa ordem nos animais e obtiveram perturbações neuróticas muito graves. Mas leia e constate você mesmo.

Skinner, eminente psicólogo americano, fez nome como inimigo público dos ratos e pombos. Inventou para eles uma caixa que leva seu nome e que é uma espécie de jaula, na qual se pode introduzir uma quantidade impressionante de artefatos, permitindo condicionar por recompensa ou punição. A recompensa é alimento, a punição, muitas vezes uma descarga elétrica. Com essa brincadeira, ele conseguiu treinar ratos para todo tipo de tarefa que a natureza não tinha previsto.

Relatórios de grande seriedade científica afirmam que foi possível fazer dois pombos jogarem pingue-pongue. Imagine só o que é possível fazer com homens para os Jogos Olímpicos! Essa mesma escola de psicologia tentou verificar o que acontecia quando se ia de encontro a um instinto animal pelo método da punição elétrica. Dois grandes instintos foram assim estudados: o instinto sexual e o instinto alimentar.

O rato é um roedor, como o coelho, e nesse sentido merece bem sua fama: trata-se de um animal que se entrega com facilidade e frequência à sexualidade.

Imagine um rato macho na metade de uma jaula, e uma fêmea do outro lado. No meio, uma grade que pode ser eletrificada quando desejado. Um rato privado durante muito tempo de sua fêmea corre para ela e dá com a grade. Lá está ele de pé, com as patas coladas nessa divisória indesejável. Nesse momento, libera-se uma corrente de baixa intensidade. Nosso rato, farejando sua fêmea, nem se preocupa, sequer chega a percebê-la. Mas a intensidade é progressivamente aumentada. Há um limite a partir do qual o pobre animal desiste, voltando para sua triste metade de jaula.

Se a rata estiver no cio e o isolamento se prolongar, ele voltará a fazer a tentativa e resistirá a intensidades muito dolorosas, mas acabará desistindo. Nem todos têm a paciência de um iogue. Se a brincadeira durar muito tempo, haverá um conflito interno muito intenso entre seu instinto sexual e a descarga punitiva. O conflito vai levá-lo a uma neurose que se assemelha estranhamente ao que pode acontecer a um ser humano. Ele ficará num canto da jaula, não se interessará por mais nada, deixará de comer, entregando-se progressivamente à morte.

Chega-se às mesmas consequências habituando-o a receber seu alimento ao empurrar uma alavanca. Quando ele já está bem condicionado, inverte-se satanicamente a função da alavanca, e cada tentativa de se alimentar leva a uma descarga elétrica. Rapidamente manifesta-se o conflito e se segue a neurose.

A regra é geral e infelizmente pôde ser comprovada em grande número de outras espécies. Qualquer tentativa de contrariar um instinto resulta em recusa de viver, inicialmente indicada por indícios neuróticos. Haveria nessas experiências cruéis uma conclusão que possa elucidar nossa tese? Creio que sim.

Quando as curvas são desvalorizadas, não se impede realmente que a sexualidade se manifeste ou se satisfaça, e por isso não estamos exatamente nas mesmas condições da experiência. Mas damos um passo em direção à extinção de um dos sinais que comandam a sexualidade. É um golpe menor, mas, ainda assim, um golpe. Não é preciso muito para modificar um comportamento instintivo. Algumas descargas elétricas, e um rato hipersexuado não quer mais copular nem comer.

Se pintarmos no peito de um lagarto fêmea uma mancha azul que lhe dê a aparência de um macho, colocando essa fêmea disfarçada diante de um autêntico lagarto, a simples visão desse intruso o deixa enfurecido, e ele avança para mordê-lo. No último instante, contudo, ele sente pelo forte cheiro da fêmea travestida que algo está errado e não morde. Fica então indeciso, inquieto, farejando e olhando a mancha azul. Nasce no seu pequeno crânio arcaico um conflito, que perturbará para sempre sua sexualidade e sua agressividade. Ele nunca mais será o mesmo macho agressivo. Ficará para sempre contrariado, mais ou menos como os cães espancados sem motivo quando pequenos e que, ao serem chamados, hesitam em avançar, divididos entre a vontade de acorrer e o velho e persistente medo de apanhar.

Chegamos, então, bem mais perto do nosso tema. Esse lagarto, que já não sabe muito bem o que fazer e cuja sexualidade tampouco volta a encontrar direito seus sinais de atração, seria mais ou menos como o homem atual, se conseguíssemos, por um passe de mágica, proporcionar a todas essas mulheres o que elas querem. Felizmente para nós, a natureza, ao imprimir um sinal de reconhecimento sexual, faz com que seja difícil de extirpá-lo. De certa maneira, como se tivesse previsto que um dia ficaríamos tentados a dispensá-lo. De modo que as mulheres não chegaram ainda ao fim do seu sofrimento. À espera desse dia, sofrem as consequências desse conflito entre o que têm e o que gostariam de não ter mais. Consequências psíquicas e fisiológicas de que vamos tratar agora.

Perturbações psíquicas causadas pelas curvas

As dificuldades do vestuário

Nós nos vestimos por três grandes razões: de conforto, de pudor e ornamentais.

Por conforto, refiro-me ao fato de nos cobrirmos para nos adaptar às temperaturas exteriores. No inverno, usamos roupas que esquentam, e no verão, trajes mais leves.

Os motivos ligados ao pudor já são um pouco mais complexos. Existe no nosso corpo uma série de formas ou órgãos que todos conhecemos. Eles são tão evidentes que já nem lhes damos atenção, mas têm um sentido e são portadores de mensagens. Emanando de um corpo feminino, eles falam mais ou menos essa linguagem: "Eu sou mulher." Ou então: "Já passei da puberdade há muito tempo, e portanto posso copular." E quando esses sinais vêm de órgãos muito harmoniosos e expressivos, geralmente provocam uma tentação de aproximação.

As formas arredondadas são os elementos mais diretos, mas nem sempre os mais conhecidos, desse tipo de comunicação instintiva. Pois vivemos em sociedade, e o que é bom mostrar ao parceiro nem sempre é útil exibir aos outros homens. Não falamos com pessoas que não conhecemos, e ainda menos nesse tipo de linguagem tão direta. É importante encobri-los, colocando algo entre o próprio corpo e a vista de todos esses desconhecidos que percorrem as ruas da cidade.

Imagine por um momento o que representariam vinte minutos de metrô nos horários de pico se não estivéssemos vestidos. Mal consigo imaginar.

Mas você poderá observar que certas roupas femininas limitam-se a cobrir a pele, continuando a acompanhar muito fielmente o contorno das formas. Nesse caso específico, devo reconhecer que essas roupas desempenham apenas uma pequena parte de sua função, mostrando, na verdade, aquilo que deveriam esconder. É a definição do *sex appeal*. Você já viu, no verão ou na primavera, uma jovem usando uma camiseta colante sobre uma pele firme e sem sutiã? O sinal atrativo mais expressivo é o relevo do mamilo debaixo do algodão. Peça a qualquer homem que tenha uma conversa séria com a emissora de tais sinais. Bastam dois pequenos mamilos levemente salientes para que o olhar, mesmo o mais casto, não consiga evitá-los completamente. Eles parecem dois olhos que nos encaram. Seria possível sempre evitar semelhantes emissores?

A mulher vestida transmite, portanto, uma dupla linguagem: "Não olhe, mas não deixe de ver."

Certos sociólogos consideram que essa ambiguidade decorre do fato de a mulher servir-se de seus meios de sedução para reduzir a hostilidade masculina nas condições da vida cotidiana. A mulher é vulnerável, e no mundo anônimo em que vivemos raramente seria poupada se não manifestasse sua condição feminina. Uma mulher ao volante parada num cruzamento seria violentamente xingada se seus longos cabelos louros não se interpusessem para conter a agressividade provocada por esse tipo de problema. Qual homem nunca se sentiu envergonhado por deixar uma mulher sozinha e desconhecida carregar uma mala pesada sem ajuda? Mas não vamos nos dispersar. As roupas femininas têm um papel antissexual, mas ainda assim protegem a identidade.

Finalmente, a terceira função das roupas é ornamental. Nesse sentido, elas devem variar, de acordo com a moda. Deixamos então o universal para entrar no particular e no cultural. Se em qualquer lugar as pessoas se vestem para se proteger das intempéries, o fato é que nem sempre se vestem da mesma maneira.

Houve uma época em que a própria mulher confeccionava suas roupas. Criava o que lhe agradava e adaptava os modelos às suas formas e ao seu estilo.

Hoje, no entanto, as condições econômicas mudaram muito, e esse tipo de artesanato individual praticamente desapareceu. A mulher não tem mais tempo de se preocupar com isso, e devemos reconhecer que pode facilmente encontrar já pronto, nas lojas, o que as fábricas fazem melhor que ela.

Com isso, entretanto, perde uma parte de sua personalidade e precisa confiar em quem é mais qualificado do que ela para decidir o que deve usar.

É precisamente aí que começa o drama. Se a moda ou as concepções vindas do alto a incluem na normalidade, tudo vai bem. Mas se seu corpo ou seu estilo a afastam desse padrão, ela se vê em maus lençóis.

Se há um recurso diabólico foi inventado apenas para agir sobre a mulher e a concepção que ela tem do próprio corpo, que de fato, é a moda.

Aos poucos, ela foi viciada na facilidade do *prêt-à-porter* e, uma vez dependente e submissa, passou-se a afirmar que seu corpo não é adequado, criando-se apenas para aquelas que se pretende privilegiar ou proteger. Veremos no capítulo sobre as causas com que finalidade se utiliza esse recurso aberrante, pois de fato existe um motivo para esse longo trabalho de condicionamento e utilização dessa dependência.

Por enquanto, devemos apenas ter em mente que existe uma moda, e sobretudo moldes e tamanhos privilegiados. Se você é uma das que entram nesse túnel estreito, poderá vestir-se, mas todas as demais, aquelas que têm quadris grandes, coxas de mulher de verdade, seios fartos, essas não poderão vestir-se na moda. Até o tamanho 42, temos aquilo de que você precisa. Acima disso, vamos buscar no depósito. Mas se você quer um 46, vem um sorriso, mal temos coragem de dizer, mas a verdade é que nunca tivemos coisa assim. Porém, podemos indicar certos endereços onde os marginais compram roupas.

Esse tipo de situação é muito frequente. Não estou relatando nada de excepcional. Você abre uma revista e vê fotos coloridas em ambientes exóticos, induzindo à compra de um conjunto sedutor. Corre ao endereço indicado, experimenta o casaco, que cai como uma luva, pede a saia e, no momento de vesti-la, na intimidade acolhedora do provador, constata que não consegue entrar nela. E se não tiver suficiente clareza mental para entender, não demorará a ser esclarecida. O que acontece é que o seu quadril ou as suas coxas não estão de acordo com a normalidade. Mas que ideia, ter coxas tão arredondadas! E o zíper fica desesperadoramente aberto...

Quando isso acontece com muita frequência a uma mulher, provoca nela um estado de ânimo que a afasta do grupo a que quer intensamente pertencer, e suas reações serão muito mais fortes e muito mais graves do que a maioria dos homens pode imaginar.

O mundo feminino é muito complexo. Uma mulher sente-se vinculada à sua família, aos filhos, ao marido, mas também pertence ao grupo em que vive, o que acontece ainda mais hoje em dia, quando a maioria delas é impulsionada à vida profissional e às relações sociais complexas.

Recebo regularmente esse tipo de clientes; ora são mulheres indignadas que reclamam contra essa discriminação e essa escolha imposta não se sabe por quais costureiros; ora são mulheres perplexas e resignadas que fariam qualquer coisa para ficar parecidas com as outras, com todas as outras, segundo acreditam, que podem vestir-se decentemente.

A vergonha do próprio corpo

Os tabus contra as formas arredondadas lançam sobre nossas mulheres outra perturbação muito mais íntima que a dificuldade de se vestir. Mas essas duas perturbações se reforçam de maneira recíproca.

Disfarçadamente, e através de um longo processo de intoxicação, ao mesmo tempo sorrateiro e paciente, montou-se um gigantesco torno que se vai fechando sobre a mulher. Seria interessante retraçar o histórico dessa engrenagem. Voltarei ao assunto mais adiante. O que constato é que em 1935, vale dizer, há apenas três gerações, existiam mulheres que se submetiam a operações cirúrgicas para extrair as duas últimas costelas e ter uma cintura de vespa. Estou falando de cirurgias mesmo. Ou seja, a pele das costas era aberta por uma incisão bilateral e as duas costelas eram desarticuladas na inserção vertebral. Permaneciam duas cicatrizes de alguns centímetros. E você sabe por que essas mulheres solicitavam essas intervenções? Para que a finura de sua nova cintura ressaltasse um quadril e um par de coxas que os homens consideravam mais atraente. Hoje, pede-se aos cirurgiões que extirpem das coxas o excesso de curvas. Como é que se pôde passar tão rapidamente de uma tal extravagância a outra? É simples, mas será mais complexo descobrir o porquê, e sobre isso me explicarei mais adiante.

Quando os costureiros se cansaram de imaginar modelagens, reduziram os sutiãs que exaltavam os seios, os pseudoenchimentos que simulavam quadris amplos e progressivamente soltaram a base dos corpetes que apertavam a cintura. As mulheres passaram a respirar um pouco melhor, e os homens deixaram de ofegar. Uma grande virada acabava de ser dada. No terreno da moda, existe sempre um vanguardista pronto para fazer um pouco mais ou um pouco melhor que o antecessor, e aos poucos foram sendo eliminadas as curvas.

O vaivém do pêndulo da moda nos habituou a esse tipo de oscilação, mas ele costumava tomar como centro de suas piruetas a base natural e biológica da mulher. Acontece que, repentinamente, e aparentemente sem motivo, depois de se atingir um novo arquétipo de mulher de volume equilibrado, e mesmo pouco contrastado, manifestou-se um fenômeno até então desconhecido. Foi-se além da norma do possível e se começou a criar para mulheres anormais, sem quadris, sem coxas, sem seios.

Tudo começou com Twiggy, a mais célebre modelo que já houve no mundo. Não tenho coragem de repetir aqui o preço que os fotógrafos lhe ofereciam por uma hora de pose. Uma mulher do século passado ficaria desesperada se tivesse uma filha com um corpo como o dela. Devo confessar que nesta época ela teria muita dificuldade para encontrar um marido. Mas o seu *press book* prova que ela não teria a menor necessidade de agências matrimoniais. Estava tão sobrecarregado que não creio que nem mesmo ela fosse capaz de manter um registro de todas as fotos que tiravam dela. E sabe o que foi que fizeram com essas fotos? Elas foram publicadas, em preto e branco e em cores, em jornais americanos, franceses, japoneses, em suma, em todos os lugares onde pudessem ser vistas por mulheres e homens. E Twiggy transformou-se no ogro mitológico que poderia ter consumidos quantidades de papel equivalentes a todas as florestas do Canadá.

E enquanto isso nós olhávamos, bebíamos desse filtro mágico que desorientava nossos gostos e nossas pulsões. Há algumas páginas falei sobre um lagarto perturbado sexualmente por uma fêmea travestida. O lagarto é mais ou menos como os pobres homens da década de 1960, aos quais eram apresentados novas modelos com corpos de menino. Quais passariam a ser nossas reações diante de verdadeiros seios, verdadeiras coxas, verdadeiros quadris? Fechado o jornal, deitado ao lado de uma mulher respirando saúde, era preciso lidar com a realidade. Os homens também tiveram seus momentos de perturbação.

Mas foi sobretudo a mulher que mais sofreu com essa agressão; foi ela que lentamente sentiu que se tornava anormal, diferente, e a vergonha do corpo, assim como uma doença da pele ou uma alergia, passou a assaltá-la de todos os lados.

Esse desconforto é mais violento no terreno sexual, manifestando-se prioritariamente diante do parceiro, marido ou amante. Como mostrar o corpo a um homem quando se está convencida de que não está mais na moda? A resposta é tão simples quanto a pergunta: o corpo não é mostrado. É camuflado até o último momento, sob véus protetores. E as luzes são rapidamente apagadas. Não se trata de histórias que eu esteja inventando, mas do reflexo de confissões que ouço regularmente. Você poderia imaginar que essas mulheres são monstruosas, disformes e que sua estratégia de certa forma é natural. Mas não é assim. Na maioria das vezes, essas mulheres são rigorosamente normais. Nada há de repulsivo nelas, e seus maridos não entendem os motivos do blecaute.

Esse fenômeno será talvez o mais particular e inesperado de todas as minhas observações. As verdadeiras obesas ou mesmo as mulheres muito arredondadas não têm esse tipo de pudor excessivo. Talvez se tenham resignado ou simplesmente pensem, com bom-senso, que o que a visão não pode distinguir a mão sente sem margem de dúvida.

São as mulheres de formas moderadamente arredondadas, e sobretudo as mais belas entre elas, que mais sofrem. É como se, quanto mais se aproxima da perfeição, menos se tolera a imperfeição, quanto mais perto se está do objetivo, mais impaciente se fica. Esse tipo de comportamento é comum entre as mulheres que não suportam ser vistas sem maquiagem, apressando-se a recompor sua beleza matinal logo ao sair da cama.

Outra perturbação mais grave atinge particularmente as mulheres alérgicas às próprias formas arredondadas. O mal-entendido manifesta-se no momento das carícias que acompanham toda abordagem sexual. A mão masculina não passeia ao acaso num corpo de mulher. Ela procura dar prazer ou obtê-lo, se possível conciliando as duas coisas. O que estimula o homem é a forma, a consistência e a plenitude firme dos seios, dos quadris e das coxas. Acontece que essas zonas parecem estar em carne viva, transformadas em algo vergonhoso pela exclusão cultural. A carícia, portanto, será sempre muito mal-interpretada.

A relação sexual é uma comunicação em que o homem volta às fontes da vida, ou seja, desce ao seu primeiro cérebro instintivo e ao seu segundo cérebro emocional. O primeiro comunica-se pela visão, o tato, o olfato, a audição. O segundo, pelas mensagens emocionais: da mímica, dos gestos, dos gritos, do choro e dos gemidos. O terceiro cérebro pensante nada tem a fazer aqui. Sua simples presença inibe, e é necessário desconectá-lo a qualquer preço. Mas existe um único caso em que o homem pode valer-se dele, quando quer retardar o orgasmo com pensamentos externos ao ato propriamente dito. O que serve para mostrar como ele pode estragar a festa quando não é bem-vindo. E a maioria dos casos de frigidez ou impotência decorre da intromissão do terceiro cérebro nas questões dos dois primeiros.

A esse respeito, não posso deixar de falar aqui do louva-a-deus, um exemplo monstruoso e excepcional de sexualidade animal. A fêmea dessa espécie é de um tamanho impressionante. O macho, assim, faz um papel ridículo quando chega a época da cópula, mas não resiste ao impulso. Todos vocês conhecem seu triste fim: ele é devorado vivo, sem resistência, durante o ato sexual. É o tipo da história que não podemos esquecer e que contamos com um sorriso maroto nos salões feministas. Mas pouco importa, o que é mais interessante, e muito menos conhecido, é que a ejaculação do macho só pode ocorrer quando a fêmea tiver devorado sua cabeça. E se ela não o fizer, não haverá fertilização. Você percebe, então, a relação puramente simbólica que estou procurando estabelecer com nossa própria sexualidade? A cabeça atrapalha a animalidade bruta do ato sexual. Quando dizemos que uma mulher é cerebral, isso significa que ela não consegue impedir que determinadas ideias perpassem o campo de sua consciência.

Ora, a ideia de uma mão percorrendo zonas de vergonha é o próprio tipo do pensamento inibidor. Curvas mal-assumidas podem assim ser o ponto de partida de uma frustração sexual que, caso se repita com muita frequência, acaba comprometendo a confiança de uma mulher no momento do orgasmo, podendo trazer consequências que afetam a vida do casal.

As consequências fisiológicas: o emagrecimento voluntário inútil

Eis, portanto, o levantamento das diferentes perturbações psicológicas das mulheres que não se reconhecem nos arquétipos atuais, com as dificuldades que decorrem no terreno das roupas e da sexualidade. Deduzo daí que, há um quarto de século, a feminilidade biológica é totalmente oposta à feminilidade cultural.

Dei a entender que, diante dessas agressões reiteradas, só restava à mulher a alternativa de tentar emagrecer. E aí estou entrando num território que conheço bem, e no qual ocupo uma posição de observador privilegiado. Posso falar com base na experiência. Não vou insistir nos casos de obesidade ou gordura excessiva. Já escrevi diversos trabalhos a respeito. Interessam-me apenas, aqui, as mulheres de peso normal, mas obcecadas com o desejo de perder suas formas.

Quem são essas mulheres e de onde vêm?

Antes de explicar os diversos erros e as dificuldades do emagrecimento inútil, gostaria inicialmente de lhe falar um pouco dessas mulheres que buscam a ajuda do nutricionista. Quem são elas, de onde vêm? A pergunta é um pouco brutal, mas a resposta é muito simples. É a Sra. Todo Mundo, que vem de toda parte. Quero dizer com isso que de forma alguma se trata de mulheres excêntricas com algum perfil psicológico especial. O único ponto em comum é o fato de não quererem ser excluídas do grupo a que pertencem. Eu diria mesmo que muitas vezes encontramos entre elas mulheres de temperamento muito forte e muito decididas. Elas simplesmente se decidem com mais rapidez que outras que buscam o mesmo objetivo.

Talvez você esteja querendo saber a que camada social elas pertencem. Talvez esteja imaginando que são burguesas ociosas cuja única preocupação é contemplar o próprio umbigo ou as próprias formas. Mas não é verdade. Existem tanto operárias quanto intelectuais, burguesas abastadas e empregadas, mães de família numerosa e jovens colegiais.

O mais surpreendente é encontrar combatentes de elite nesse batalhão de mulheres frustradas. Ou seja, mulheres de alto nível de responsabilidade, mulheres de ação, diretoras autoritárias, advogadas, financistas, jornalistas de renome e até médicas meio envergonhadas de chegar a esse ponto. O que mostra o quanto a motivação deve ser forte, e ainda mais o quanto aquelas que não têm a mesma lucidez e o mesmo temperamento forte se submetem sem resistir à palavra de ordem alienante.

Para que serve a gordura?

É interessante responder a essa pergunta para saber o que se pode ou não fazer para reduzir as formas. A gordura, ou tecido adiposo, encontra seu lugar adequado debaixo da pele ou entre os órgãos que envolve. Ela tem um papel triplo:

• Um papel de apoio. Mais ou menos como a palha na qual são colocados objetos frágeis a serem transportados numa caixa.

- Um papel no armazenamento de energia. Com efeito, a natureza previu a possibilidade de alternância entre fome e abundância. Quando a alimentação é muito rica, uma vez efetuados os gastos cotidianos, o excesso será posto em reserva na forma mais concentrada: a gordura.

- Finalmente, um papel decorativo e diferenciador.

E vemos, então, surgir a primeira repartição puramente sexual. Sob influência dos hormônios, sem que você tenha sido avisado ou esteja consciente disso, uma parte da sua gordura se deposita em territórios que passa então a modelar de maneira diferente, seja você mulher, homem ou uma criança.

Antes da puberdade, o corpo não escolhe seus referenciais. Uma menina que engorda vai engordar da mesma maneira que seu irmão pequeno. Mas a partir do momento em que os ovários começam a funcionar, tudo muda, e a gordura invade os territórios próprios de cada sexo. A feminilidade orienta firmemente a localização, e os seios, os quadris e as coxas tornam-se rapidamente seus endereços privilegiados.

Quando uma mulher subitamente se vê colocada em condições nas quais precisa recorrer a reservas, seja por não ter mais com o que se alimentar — o que é raro em nossa época —, seja por ter empreendido um regime — o que é muito mais frequente —, um processo metabólico interno ataca suas reservas, transformando-as em açúcar. Isso você certamente sabe.

O que talvez não saiba é a ordem de entrada em cena dessas gorduras diluídas. A primeira que atende ao chamado, a mais obediente, é a que se encontra no seu rosto, no seu tronco e na sua cintura. Se você insistir, virá em seguida a gordura intersticial, a que sustenta suas vísceras, e nesse caso é preciso ter cuidado com a conduta dos órgãos. A gordura decorativa, a que nos interessa aqui, a que indica qual é o sexo e que mora nas formas arredondadas, essa resiste, pois foi concebida para resistir. Seu papel é muito fundamental para que a natureza lhe permita mexer com ela sem motivo, e é provavelmente essa a causa de suas preocupações atuais.

O que é celulite?

Chegamos, então, a um terreno em que as palavras não fazem o mesmo sentido para todos, e para o qual infelizmente são tantas as opiniões quanto as pessoas interessadas. Eis aqui uma palavra mágica que faz as mulheres tremerem e os homens sorrirem. Talvez seja bom trazer um pouco de ordem ao assunto.

Não sei quem inventou essa palavra. Ela não é boa, mas o senso comum apoderou-se dela com tanta pressa que ela adquiriu vida, e agora já não podemos ignorá-la.

Para os médicos, trata-se de uma inflamação do tecido conjuntivo que forma a trama do tecido adiposo. Para a mulher que lê uma revista feminina, é uma doença vergonhosa que se manifesta nas coxas e nos quadris.

Qual é a verdade em tudo isso? Como já disse, existe uma gordura que tem a função de lhe proporcionar um contorno feminino. Ela modela suas coxas, seus quadris, seus joelhos e seus seios. Você não pode ser uma mulher normalmente constituída sem apresentar essas características, mas com variações de intensidade que revelam sua sensibilidade ao hormônio feminino.

Se você é muito feminina e reage muito ao estrogênio, terá uma infinidade de sintomas que compensam certos predicados, e suas formas, seu humor e seu comportamento serão muito contrastados. Se você não for sensível a esse hormônio, será lisa, sem seios nem quadris, terá uma penugenzinha estranha e uma voz de falsete. Mas se suas reações forem anormalmente violentas — e aqui entramos na patologia —, correrá sério risco de ver surgirem em suas coxas o que se convencionou chamar de celulite.

Trata-se de uma infiltração franca e maciça dos territórios ginoides. Já não se trata de forma, mas de uma autêntica caricatura. Essa celulite é rígida e dolorosa, perturba a circulação, formando um verdadeiro garrote que impede o retorno do sangue. É o famoso "culote" que deforma, que se infiltra. No início, trata-se de um sinal normal que deu errado. Aliás, esse sintoma jamais é isolado. Quando se manifesta, você pode estar certa de que a ele estará associado o que costumamos chamar de tensão pré-menstrual. Ela se manifesta nos dez dias que antecedem a menstruação, durante os quais a mulher é realmente intoxicada por seus hormônios. Seu humor é péssimo, ela dorme pouco e mal, fica constipada, inchada no corpo todo. Ela tem sede mas não urina mais e suas roupas ficam justas. Quando chega a menstruação, tudo volta milagrosamente à ordem em dois ou três dias.

É necessário tratar a celulite? Certamente. Seu tratamento não é muito fácil, pois não se pode reduzir os volumes sem ter previamente resolvido os problemas hormonais. E é aí que reside a dificuldade. São precisos dedos de fada para tocar no estrogênio. Qualquer intervenção por demais brutal pode perturbar a menstruação, acarretando pequenos sinais de virilização, como uma leve penugem ou uma modificação da voz. Trata-se incontestavelmente de uma questão para especialistas.

Quanto às formas propriamente ditas, quando se tornam ameaçadoras, por sua monstruosidade e os riscos que representam para os territórios vizinhos, existem tratamentos locais eficazes, mas longos e portanto solicitando constante atenção, uma alimentação específica e, sobretudo, um tratamento geral associado. Não precisamos nos estender aqui, já que debati esse ponto em outro momento.

A única questão a que precisamos responder sem equívoco é a de saber se o fato de emagrecer age sobre a celulite. A resposta é não! Você pode emagrecer o quanto quiser, mas não tem a menor chance de modificar esses territórios doentes. E direi mais: quanto mais você emagrecer, mais fará com que as gorduras se diluam pelo resto do corpo. Vai afinar o busto, a cintura, o rosto; suas costelas poderão ser contadas e as saboneteiras aparecerão, mas a parte inferior, objeto da sua obsessão, vai resistir sem pestanejar. E no fim da sua heroica experiência, o que haverá de constatar? Que seu corpo está ainda mais desarmônico do que antes, e que a sua celulite, ilha de abundância cercada de magreza, fica ainda mais ressaltada, como o nariz no meio do rosto.

Os desastres do emagrecimento inútil

Falo neste capítulo, não devemos esquecer, de mulheres perfeitamente equilibradas, mas que recusam uma parte de sua autêntica feminilidade. Se insisti em certas armas de luta contra a obesidade foi porque infelizmente elas acabam, às vezes, sendo usadas, e indevidamente, nesses casos que não têm a menor necessidade. Existem três consequências graves que regularmente arrematam as tentativas de emagrecimento inútil. Cada um desses três desastres é por si só mais grave que essas infelizes formas arredondadas que os homens aceitam tão bem. Você deverá tê-los constantemente em mente para deixar de lado qualquer tentação de reduzir à força esse maravilhoso símbolo da suavidade.

A geração de uma obesidade artificial

Você poderá ficar surpresa ao saber que, ao pretender reduzir um ligeiro volume, seja possível chegar à obesidade. E no entanto, é assim mesmo que a coisa começa quase sempre. Imagine uma jovem resplandecente, sadia e feminina. Coxas e quadris que não devem nada a ninguém e, com toda decência, emitem seus sinais naturais. Sua feliz proprietária não está tão convencida assim, e, querendo parecer-se com nossas heroínas de revista, coloca na cabeça a ideia de emagrecer.

Com um bom tratamento, por meio de métodos estritamente locais, ela pode perder, na minha opinião inutilmente, uma parte de sua feminilidade não desejada. Nesse caso, não haverá outras consequências. Mas se ela também tratar, para chegar a seus fins, de emagrecer, nesse caso tudo se complica. Sendo o seu peso inicial normal, ela estará mergulhando na perda inútil, no desperdício.

O corpo não gosta disso. Ele não sabe, pobre cego, aonde essa tentativa o levará. E na primeira oportunidade, assim que o regime for esquecido, nas comemorações do sucesso inicial, ele vai pisar fundo, recuperando em poucas semanas o que havia sido perdido com tanta dificuldade. Entretanto, e é aqui que devemos estar atentos, não satisfeito de ter recuperado o que era seu, ansioso pelas privações impostas, ele irá além do seu objetivo, acrescentando dois outros quilos suplementares ao que já era mal-tolerado. Decepcionada, irritada, essa mulher, acometida de bulimia reativa, comerá mais. O que vai complicar ainda mais as coisas. Balanço final da operação: três bons quilos suplementares, e mal-distribuídos.

A mecânica foi posta em andamento, e estamos então, sem ter pretendido, na órbita de uma obesidade experimental. Pois se passam seis meses e, com a chegada do verão, começa de novo a guerra contra essas formas que deverão ser mostradas nas praias. Três a quatro quilos são perdidos e, com o retorno do inverno, volta-se a ganhar cinco ou seis. Balanço da operação: seis quilos a mais. E não há o menor motivo para que isso tenha fim.

Não quero transformar este livro num manual de emagrecimento, mas se você tem a sorte de ter um peso normal ou subnormal, não mexa nele, pois estaria correndo um risco: o de perder para em seguida recuperar e assim entrar num círculo vicioso do qual só sairá obesa.

Depois dos trinta, emagrecer envelhece

Mais uma vez, vou aqui me dirigir a mulheres de peso normal, mas tentadas a emagrecer para perder formas que não estão mais na moda. À parte a inutilidade desse procedimento, elas são muito particularmente ameaçadas por um certo perigo quando têm mais de 30 anos de idade. Pois se o volume das coxas não cede um centímetro ante os ataques do regime, o rosto reage imediatamente, cavando-se à menor privação. Surge então um dilema singular, o de escolher entre o alto e o baixo. Escolher entre volumes ocultos e um rosto que está permanentemente à vista. Diante de semelhante escolha, quem não se decidiria em favor do rosto? Infelizmente, é sempre pelas coxas que se opta, e o rosto é que murcha. Com minha experiência de nutrólogo, aprendi uma lei sobre a beleza das mulheres. Em termos absolutos, e para retardar o envelhecimento, seria desejável ser magra até os trinta e regularmente passar a ganhar um pouco de peso a cada ano, até a menopausa. Bastam algumas centenas de gramas anuais para moderar os efeitos antiestéticos da idade. Como a pele afrouxa com o tempo, convém tensioná-la ligeiramente do interior para compensar essa perda de elasticidade. Mas qual é a mulher que hoje em dia aceitaria tais preceitos? A cegueira tomou conta das mentalidades, e um dia elas acabarão sentando no próprio rosto para exibir quadris masculinos.

Antes dos trinta, o emagrecimento pode parar a menstrução

Trata-se de uma constatação cotidiana. E nós não sabemos muito bem como nem por quê, mas quando se interfere muito num corpo de jovem mulher, fazendo-o emagrecer além das normas biológicas, a menstruação se espaça ou é interrompida. Esse fenômeno interessa particularmente às jovens ou mulheres que ainda não tiveram filhos. Tudo leva a crer que o organismo jovem reage muito mal a essas peregrinações pelo território da magreza. E talvez seja sua maneira de nos fazer entender que ele foi maltratado. Um choque traumático ou afetivo traduz-se nos mesmos resultados, e sobretudo não se deve encarar levianamente essa amputação da feminilidade, pois conheço pessoalmente casos em que a menstruação nunca mais voltou, levando com elas o acesso à maternidade. Temos aí mais um convite à prudência, para não pôr em risco o essencial em proveito do supérfluo.

Pílula anticoncepcional e curvas

Seria difícil concluir este capítulo sem lhe falar da pílula. Se as curvas estão no coração dos homens, o fato é que não são favorecidas pelas mulheres. Esse é o tema central do meu livro. Mas sei, e é um médico que lhes está falando, que a pílula é um meio anticoncepcional favorável à aquisição de peso. Não desse tipo de peso que pode lhe ser indiferente, aquele que se transforma em volume e passa a rondar as suas coxas. Fico encantado de poder colocá-la diante dessa alternativa, de uma escolha contraditória na qual dois imperativos culturais se enfrentam.

Por um lado, atender às exigências legítimas da escolha do momento dos amores férteis e, por outro, seguir cegamente, e contrariando toda lógica, os padrões de uma moda do ressecamento. E reconheço que, nesse caso, você refletirá longamente antes de tomar uma decisão. Mas quase nunca você acredita no que estou dizendo, e prefere fazer a experiência. E não serei eu a impedi-la, pois você já conhece minha posição sobre as curvas femininas. Infelizmente, a tentativa é sempre concludente, e suas coxas não resistem. Você novamente está diante da mesma escolha inicial. É o momento em que eu venho reiterar minha mensagem. Tudo voltaria ao devido lugar se você se libertasse ainda que parcialmente desse tabu das formas. É o que exige sua feminilidade, e os homens mal poderiam acreditar no que estariam vendo. Quem sairia perdendo? Ninguém. Os fabricantes de *prêt-à-porter* e os criadores de moda seriam forçados a acompanhá-la, pois afinal de contas é você que os sustenta. Mais sei perfeitamente que minha voz não é suficiente, e no capítulo seguinte vou recorrer a todos aqueles que estão em melhores condições do que eu de agir sobre o seu subconsciente.

Perturbações masculinas

Este livro não se dirige exclusivamente às mulheres. Pois com o tempo eu vim a entender que os argumentos lógicos não pesavam muito diante do poderio absoluto do inconsciente coletivo. Porém, tenho lá meus motivos de esperar desempenhar o papel de desencadeador. Mas desencadear o quê, exatamente? Eu sei quem é o responsável pela atual situação de mulheres frustradas. Esse ogro que se aproveita de suas misérias é hábil demais para agir à luz do dia. Prefere mandar ordens às suas estruturas inconscientes e ao seu gosto inato de integração a um grupo. É assim que ele desarma qualquer tentativa de ação consciente. Desse modo, a única resposta adequada será enviar suas próprias ondas de comunicação. Veremos mais adiante de que maneira.

Enquanto isso, preciso dos homens, pois se as palavras de ordem culturais também se destinam a eles, o fato é que são muito menos visados. E ainda lhes resta alguma independência, sobre a qual pode influir um discurso racional.

O homem também se relaciona com os tabus das formas arredondadas, pois está ligado à sua mulher por vínculos afetivos e sexuais, e esses dois vínculos se reforçam reciprocamente. Mas sua condição de macho, vivendo numa sociedade complexa, quer que a esposa por ele escolhida atenda a uma dupla exigência.

A primeira é que lhe agrade pessoalmente; e dizendo isso tenho em mente uma harmonia que tem mais a ver com a natureza do que com a cultura. Você certamente vai protestar em alto e bom som, mas é o que eu devo dizer. A harmonia fundamental e individual entre um homem e uma mulher passa obrigatoriamente pela sexualidade. A equação contém uma infinidade de sinais, que podem parecer triviais, mas diariamente ganham mais pertinência, segundo os biólogos e os etologistas.

O cheiro certamente não merece muito a sua atenção, o toque da pele parece-lhe secundário, a forma dos quadris, a curva dos seios, certas atitudes o encantam, fora da esfera da consciência, uma dilatação das pupilas particularmente viva quando você sustenta o olhar de sua parceira, certos sinais de participação sexual rápidos e finalmente o orgasmo que você lhe proporciona, assim como os sinais do comportamento de calma e ternura através dos quais ela lhe agradece inconscientemente, todas essas mensagens formam um feixe poderoso que chega ao seu primeiro e ao seu segundo cérebros arcaicos, operando sem que você se dê conta. Enquanto isso, seu terceiro cérebro, aquele que é pago para racionalizar e fornecer álibis a todas as suas decisões, informa que essa mulher é culta, bela, inteligente, tem opiniões parecidas com as suas, se veste bem, é refinada, alegre e de boa-fé, e você fica achando que, se optou por ela, foi por todos esses motivos. Na verdade, eles não interferem na sua decisão, mas na do grupo em que você vive. O cimento fundamental é o que lhe fica oculto, em nome daquilo que você chama de "charme", de momentos "mágicos", de "climas", de "algo a mais", para tentar explicar o que não pode ser explicado. E o mais fantástico nessas revelações que a ciência do comportamento nos faz atualmente é que essas mensagens são muito seletivas. Os odores ou a dilatação das pupilas, por exemplo, desempenhando um papel grandioso e oculto no momento do primeiro encontro, são eminentemente personalizados. Não existem no mundo duas mulheres que tenham o mesmo cheiro, e mesmo quando não se sabe disso, é possível senti-lo. E a dilatação das pupilas dirige-se exclusivamente a você. Seu vizinho não teria direito a ela, e você mesmo sofreu seus efeitos sem se dar conta. Entretanto, ao voltar para casa, você pensa: que conversa agradável, que belos cabelos. Mas ela poderia perfeitamente manter-se calada ou estar usando um chapéu, e nada teria mudado. A comunicação biológica se teria estabelecido de qualquer maneira. E não estou sequer falando do corpo, das mãos, da voz. Ainda não chegamos ao fim das descobertas que a biologia nos vai trazer sobre as motivações fundamentais do homem. Olhe quantas surpresas em perspectiva! Estou convencido de que um dia saberemos exatamente o que está por trás dessa expressão tão habitual e prosaica: "Estar na pele de alguém."

O segundo motivo da sua escolha vem do seu contexto cultural. Muitos homens de vida social intensa preferem sacrificar suas aspirações biológicas e desposar uma mulher do seu meio, uma mulher "apresentável". Mas sabemos que esse tipo de casamento de conveniência, se não for iluminado pela magia da comunicação arcaica, corre o risco de rapidamente morrer. Entretanto, não devemos subestimar essas razões.

Hoje, no que diz respeito às formas arredondadas, o homem tem uma estranha escolha a fazer. Essas formas têm um papel muito importante em sua sexualidade e em sua comunicação arcaica. E ele pode sabê-lo ou não, segundo seu grau de lucidez. Por outro lado, contudo, a sociedade na qual ele vive não quer saber dessas formas e as deprecia. A mulher é a sua metade, sua parceira, mas também é um sinal de poder e riqueza exterior. Um homem que tem uma bela mulher sempre é invejado e portanto respeitado. Desse modo, ele quer que ela seja bela não só para ele, mas também para os outros. Quando saem, ele insiste para que ela esteja muito bem-arrumada, e ainda que não a aprecie muito maquiada, ignora sua preferência. As joias, os perfumes artificiais, os cuidados de beleza, a elegância muitas vezes são para o exterior, e pouco lhe importam os brincos e o anel de diamante quando a noite chega ao fim.

Quanto às curvas, o mesmo acontece. Em seu velho fundo inconsciente de macho, ele as aprecia, e sem que o saiba realmente, elas o ajudam a amar sua mulher. Em sociedade, contudo, o homem preferiria poder dispensá-las. Porém, tratando-se de atender a essas exigências, não é necessário ser matemático para compreender que ele precisaria de duas mulheres. Uma para sair e outra para voltar para casa. Estou apenas explicitando velhos clichês.

E quando uma mulher possuidora dessas belas curvas harmoniosas, como uma noiva bela demais, decide perdê-las e conversa com o marido a respeito, surge nesse homem um conflito entre o que é consciente e inconsciente no seu cérebro. Ele não diz sim, mas não diz não, e, não podendo suportar essa contradição incômoda, deixa estar. É onde nos encontramos. Os homens hesitam entre a fachada social e as exigências de suas mãos e seus olhos. Infelizmente, as mãos e os olhos não falam, e jamais dirão quanto pode custar-lhes perder uma parte de sua razão de ser.

Se você tem dúvidas, compare as leituras de um casal, e entenderá. A mulher se delicia nas belas imagens de moda das suas revistas femininas. Você conhece muito melhor do que eu os manequins nelas mostrados, verdadeiros cabides com belos rostos comuns e um corpo sem asperidades para não perturbar o caimento da roupa. Esse corpo nem sequer é visto, antes adivinhado, mas a mensagem insidiosa é captada, infiltrando-se na consciência feminina.

No caso do homem, preste atenção à maneira como percorre as livrarias, ele flana, folheia e de repente abre casualmente uma *Playboy* ou qualquer outra revista masculina. Se tivesse coragem, e alguns têm, iria comprá-la. Mas quase sempre assume uma pose distanciada diante dessas belas imagens em cores.

Você acredita nas belas cores? Os editores de publicações masculinas não são tão tolos assim, e certamente não seriam os manequins despidos que melhorariam sua tiragem.

Veja também qual é o tipo de atriz de cinema que agrada aos homens. E mais, levando a investigação aos limites da curiosidade: tente saber quem é que compõe o júri dos concursos de Miss Universo ou Miss Europa. Homens, sempre homens, e você entenderá por que as misses em questão invariavelmente têm medidas de tirar o fôlego. Raoul Walsh dizia: "Tome qualquer mulher de rosto inexpressivo e vista-a com uma camiseta colante sem sutiã, e vai atrair todos os olhares."

Um casal no qual a mulher perde regularmente peso e tenta desesperadamente ficar parecendo com as modelos extremamente magras que lhe são apresentadas como ideal é um casal que assume um risco. Pois a sexualidade, que apresenta uma tendência natural ao desgaste, se apagará ainda mais rapidamente em tais condições de artificialismo. Se as mulheres continuarem a imitar suas modelos magricelas, perderem seu frescor, suas curvas e seu cheiro, acabarão por perder o marido. Pois ainda existem algumas raras e belas mulheres suficientemente simples e intuitivas para entender, resistindo a todo tipo de intoxicação mental, que seu capital mais precioso é exatamente aquilo que as outras recusam. E cuidado com uma mulher assim se ela se interessar pelo seu marido!

Preciso, portanto, dos homens para que eles possam, quando chegar o momento, pesar na balança com seu enorme poder de decisão. Até agora, eles não o fizeram. Não querem se intrometer nessas histórias de mulheres, volta e meia reclamam, mas receiam parecer fora de moda. Mais um capítulo, e chegará o momento de passar à ação. Estejam prontos, mas se a coisa der certo, vocês poderão, como dizem os ingleses, "ganhar o bolo e comê-lo". Ter uma única mulher, apetitosa e "apresentável" ao mesmo tempo.

As causas do tabu das curvas

Você poderia pensar que o fascínio pela magreza é resultado de uma moda passageira, inofensiva e sem maiores consequências, e que, no fim das contas, não há motivo para grande preocupação. Mas isso seria fechar os olhos aos sofrimentos daquelas que não conseguem identificar-se com os padrões atuais. Essas frustrações ocultas aos homens são reais.

Muito mais importante, contudo, é constatar que pela primeira vez se recusa uma característica natural e biológica criada para fins específicos, há 2 ou 3 milhões de anos. Estamos de tal maneira intoxicados que não damos mais a devida atenção às curvas. Elas se banalizaram, e a maioria de vocês talvez ainda duvide que possam ter o mesmo impacto que o peito, a ausência de pilosidade ou a voz feminina. Trata-se, no entanto, de uma característica física, e no terreno da nossa evolução e do nosso suces so como espécie, as curvas têm a mesma importância que um órgão. Fa zem parte do nosso patrimônio, portanto, e considero como uma perda ou uma amputação a proibição que recai sobre elas atualmente.

O que me preocupa é que no resto do mundo dos seres vivos, quando um animal recusa um comportamento natural ou se amputa, é porque o grupo no qual ele vive está ameaçado de extinção. E por mais banal que lhe pareça esse sintoma, devemos encarar o desprezo às formas femininas como uma das falhas de nossa civilização ocidental. A demografia galo-pante, a extinção das reservas, a poluição, o aumento da criminalidade, da delinquência, a perda de prestígio da família e o extremo poder de atração das drogas e da homossexualidade vêm a ser outras, que parecem mais graves e ameaçadoras.

Pessoalmente, temo mais essa perda inscrita no corpo da mulher, pois parece prenunciar algo muito mais grave: a eliminação da diferença entre os sexos e, a longo prazo, um risco em relação à família, já bastante combalida. Mas a família é a base de toda sociedade, de toda cultura e de toda civilização.

Através dos tempos, quando uma civilização morria por causas naturais, como um fruto maduro, havia outros povos mais vigorosos e não raro mais primitivos para dar continuidade, criando uma outra. Hoje, nossa civilização globalizou-se, e se morrermos, seremos os últimos.

A perda de uma tradição, de uma moda, de um rito cultural, é sempre causa de desequilíbrio, mas a recusa de um órgão inscrito na própria carne, mensageiro de diferença, gerador de desejo, de prazer e reprodução, é uma recusa grave e prenunciadora de tempestades.

Se nossa sociedade favoreceu o sacrifício de uma característica tão preciosa, foi porque, por trás das aparências inofensivas, motivos muito poderosos e ocultos devem ter desempenhado um papel decisivo. É a minha opinião, e este capítulo dedicado às causas do tabu das curvas vai responder a três perguntas inevitáveis: Quem lança a palavra de ordem? Quem a transmite? E por que nossas mulheres a aceitam?

Quem lança a palavra de ordem? Sociedade de consumo e feminismo

Na base da questão toda está — como sempre — um alicerce biológico. Um velho instinto, associando-se a um novo cérebro, abriu o caminho que levou inevitavelmente o homem até nossa cultura globalizada e altamente tecnológica. De que maneira duas características biológicas já presentes no homem de Cro-Magnon poderiam ter levado à previsão do imprevisível? Vamos, então, examinar esses dois atributos humanos primitivos.

O homem criador de ferramentas: homo faber

O instinto da exploração

Não é um instinto específico do homem, pois está presente ao longo da escala animal. Se pusermos um camundongo num ambiente que não conheça, ou num labirinto, ao mesmo tempo oferecendo-lhe alimento, ele só vai se interessar pela comida depois de ter explorado completamente o novo território, mesmo se estiver com fome. Em termos biológicos, dizemos que seu comportamento exploratório foi mais forte que seu instinto alimentar. Podemos, às vezes, concluir, com toda inocência, que esse animal é curioso. Mas o que não sabemos é que essa curiosidade está fortemente integrada às suas estruturas.

Esse instinto tem um sentido bem preciso: permitir a descoberta de novas reservas de alimentos e se informar sobre os perigos ao redor. Ele favorece muito a sobrevivência. Comer sem saber se o território é seguro significa assumir um risco, o que os roedores sempre evitam.

Entre os animais, o homem é aquele cujo comportamento exploratório foi levado aos limites extremos. Desde a infância, ele manifesta um interesse absoluto por tudo que é novo, o que leva os pais, preocupados, a vigiá-lo bem de perto, para livrá-lo de experiências perigosas. Nenhum recanto, nenhum objeto escapa à sua vigilância, mas assim que a curiosidade é satisfeita ele sai de novo à caça, e sua busca insaciável o levará assim até a idade adulta. Poderíamos imaginar que a coisa então tem fim. É o que acontece às vezes, mas o bastão é passado aos exploradores profissionais, os que traçaram os mapas do mundo, perderam-se nos abismos submarinos ou nos cumes inacessíveis. A própria Lua sofreu os efeitos desse velho instinto. Paralelamente, no entanto, e é o que sobretudo nos interessa, a exploração se fez em nós mesmos. Um pesquisador científico nada mais é que um explorador das leis da natureza, e a curiosidade intelectual mostrou que não tinha limites.

Uma mutação: o novo cérebro humano

O novo cérebro humano tem 80 mil anos e 14 bilhões de células. É fruto da grande mutação que nos permitiu pensar e sobretudo sobreviver. O que teria sido de nós, pobres primatas isolados, sem a força do gorila e os caninos afiados do babuíno? Sem defesa nem a possibilidade de caçar, esse belo cérebro novinho em folha teria acabado nas garras de um predador.

Como por milagre, contudo, esse incrível órgão começou progressivamente a funcionar, permitindo-nos criar, inventar. Estimulada a curiosidade por todas essas potencialidades, um simples seixo na palma da mão transforma-se em nossa primeira arma e em nossa primeira ferramenta. A natureza nos oferecera um órgão graças ao qual haveríamos de explorar, com o tempo, o imenso campo das possibilidades. A ferramenta ou arma revelava-se o prolongamento da mão, e nós não hesitamos em anexá-la. A combinação desses dois componentes da natureza humana haveria de nos conduzir muito longe, como logo veremos.

A marcha inevitável do progresso

Você deve estar pensando que estamos muito longe do tabu das curvas. É verdade. Nessas épocas distantes, como já disse, as mais belas mulheres eram selecionadas em função de suas curvas. O novo cérebro ainda não interferia na feminilidade. Paciência, chegaremos lá.

Por enquanto, estamos na fase do machado e depois, muito rapidamente, na do arco, e quando surge uma nova invenção, ela não é patenteada nem guardada em segredo; é difundida e logo passa a fazer parte do capital humano. O fogo é rapidamente dominado e, com ele, a arte de trabalhar o metal. As armas tornam-se cada vez mais sofisticadas. A roda, que nos parece tão óbvia, foi um imenso progresso. Mas nosso objetivo aqui não é fazer um balanço das primeiras etapas da invenção humana.

Basta simplesmente observar que se deu um estalo, permitindo que nosso senso exploratório investigasse e dominasse a natureza. E depois vieram a agricultura e a criação de gado nos libertar definitivamente da caça e de suas obrigações permanentes. Agora, o homem tinha as mãos livres para construir as primeiras grandes civilizações. E as invenções progrediram ainda mais, trazendo em seu rastro os benefícios da tecnologia. O conforto e o bem-estar daí resultantes seriam interpretados como recompensas.

Desde então, não paramos de progredir, de entender e descobrir, e a esse empreendimento demos o nome pomposo de "progresso". No início, a expressão tinha um sentido muito prosaico. Significava apenas ir em frente. Mas ao nos darmos conta de que essa direção continha uma generosidade de Papai Noel, acabamos por lhe conferir um sentido igualmente mitológico.

Já agora, e sobretudo desde que entramos na era industrial, uma verdadeira guerra religiosa opõe os progressistas a todos os reacionários que tentam frear esse cavalo galopante. Mas de nada adiantará. Teremos de esperar a intromissão de nossa curiosidade instintiva no núcleo do átomo e no da célula humana, ainda mais intocável, para que consciências clarividentes se questionem profundamente sobre o valor real do progresso. Mas as bombas de hidrogênio já estão em seus silos, aguardando impacientes nossa resposta definitiva.

A sociedade de consumo

Tudo transcorreu muito bem até o surgimento da máquina. A energia controlada e domesticada permitiu, então, substituir o fator humano pela máquina industrial. O artesanato deixou para trás suas últimas corporações, e a tentação de produzir se sobrepôs a qualquer sentimento de nostalgia.

Desde então, a máquina funciona a pleno vapor, e a produção tornou-se o principal índice de riqueza de uma nação civilizada.

Ora, e aqui é que chegamos ao nosso tema, produzir não teria nenhum sentido se não pudesse ser alcançada uma imensa massa de consumidores. Tratou-se, então, de atender a todos os seus desejos. Suas menores aspirações foram codificadas em cartões perfurados, e logo os objetos de seu desejo saíam aos milhares de nossas linhas de montagem.

Não demoraria, contudo, a surgir um duplo obstáculo, que reflete o paradoxo de nossa civilização. Sistematicamente atendido, o desejo acabou por se esvair, e os consumidores, empanturrados, tornaram-se cada vez mais raros. Acontece que a máquina estava funcionando, e a fábrica faminta exigia a cada dia seu novo contingente de vítimas.

A primeira dificuldade pôde ser contornada graças a um novo condicionamento de nossas motivações. Você não tem mais desejos, e então nós tratamos de criá-los, e foi aí que entrou em ação a nova cultura. Com a ajuda da publicidade e dos meios de comunicação, ela tratou habilmente de criar novas necessidades para nós. Foi a época da indústria automobilística, do telefone, da máquina de lavar e logo também das inutilidades que, por intermédio da droga publicitária, nos entregaram, dependentes às engenhocas eletrônicas e à alegria um pouco infantil de apertar botões

A segunda foi mais difícil de contornar. Quando o consumidor se fez raro, foi necessário seduzi-lo e localizá-lo onde quer que pudesse se esconder. Mas quando os últimos foram tirados de seus esconderijos, só havia mais uma solução: voltar-se para os vizinhos subdesenvolvidos. Foi a época do imperialismo econômico e do colonialismo. Todos sabemos como isso acabou. De volta aos nossos limites, restavam apenas as mulheres. Chegava a passos largos a época do feminismo, e, no seu rastro, o tabu das curvas.

Psicanálise de uma civilização: o feminismo

Quando examinamos as grandes civilizações que nos antecederam, não podemos deixar de constatar que as principais correntes que as fizeram vibrar foram geradas pelas descobertas científicas e pelos progressos tecnológicos que vieram delas. Paralelamente a essas inovações tecnológicas, entretanto, a cultura, o gosto, as artes e as modas mudavam, modificando os hábitos de vida.

Hoje, no coração da sociedade industrial, surgiu uma cultura que nos transmite um gosto desenfreado pelo consumo. O "American Way of Life" invadiu há muito tempo o mundo e, se um dia viermos a explodir, um futuro explorador marciano corre sério risco de ficar se perguntando sobre as infindáveis garrafas de Coca-Cola que vai encontrar em meio às ruínas.

Vamos tentar entender de que maneira essa cultura, a serviço dos imperativos econômicos, gerou o feminismo.

Até a última guerra na Europa, o poder aquisitivo era representado por uma família e um só bolso, o do marido.

Quando esse poder aquisitivo ficou saturado e ameaçou ocorrer uma catástrofe econômica, surgiu a ideia, que tinha acabado de atravessar o Atlântico, de que seria possível tentar estimular a mulher a tornar-se consumidora. O que podia duplicar as possibilidades de absorção do mercado.

Para isso, no entanto, era necessário que ela fosse autônoma e sobretudo que trabalhasse. Semelhante golpe ao seu papel de mulher no lar e à tutela do marido, todavia, tornava a coisa difícil nos países latinos, onde não se brinca com as tradições.

Mas a economia não se deixa embaraçar por escrúpulos. Seus meios são determinados pelos seus fins. Ela queria a mulher e deveria tê-la, qualquer que fosse o preço a pagar para a família ou a sociedade

As resistências foram destruídas umas após as outras, não à luz do dia, mas em total inconsciência, em meio a uma nuvem de justificações racionais e morais. E elas não foram submetidas pela força, mas pela astúcia e pelo vício.

O ato do consumo foi injetado em primeiro lugar, e pacientemente o condicionamento foi impresso em nossas fibras. Como por reflexo, começamos a salivar diante de qualquer engenhoca doméstica, qualquer vestimenta. Fomos induzidos a sonhar com os congelados e depois com os congeladores, com televisões e depois gravadores, viagens exóticas e sol enlatado. Tudo a crédito e entregue em domicílio.

Quando a droga já estava bem-administrada e o hábito nos tornava dependentes, os homens não suportaram mais. Não conseguiam mais atender a todas essas necessidades.

Era o caso de voltar atrás e aceitar uma semidesintoxicação ou então ir decididamente em frente e adotar o novo estatuto da mulher no trabalho. Atualmente, na região parisiense, metade das mulheres trabalha.

A droga do consumo era violenta e mesmo brutal, mas não bastava sozinha para abrir os ferrolhos da repartição biológica do trabalho, que remontava aos primeiros homens.

Foi necessário, então, o canto cultural das sereias, o fascínio dos bons motivos humanitários e moralizantes e, sobretudo, a técnica da lavagem cerebral através da mensagem dupla.

Uma sociedade, assim como um indivíduo, pode ser psicanalisada. Basta fazê-la deitar no divã e deixá-la falar. Se é explicado a ela que há 2 milhões de anos todas as civilizações que a antecederam sempre aceitaram a velha lei do macho, herança do mundo animal, e que, apesar de alguns abusos, a coisa não ia tão mal, então, por que esse gosto recente pelo feminismo militante? Ela responderá:

— Os tempos mudaram, as mulheres ficaram lúcidas. Elas finalmente abriram os olhos para a escravidão em que eram mantidas pelos homens.

— Mas por que só depois do fim da guerra? Nada as impedia de serem lúcidas nos séculos XVIII ou XIX. George Sand pensou na questão, por que não todas as outras mulheres? As revoltas de escravos existem desde Spartacus, e a Revolução Francesa era o momento ideal!

— Não, não chegara o momento, os avanços da ciência eram insuficientes, as forças políticas de oposição ainda não estavam constituídas.

— Mas por que os homens concedem hoje essa autonomia, essa liberdade sexual em relação à qual se mostravam tão zelosos, tão possessivos?

— Porque finalmente entenderam que estavam errados, e tiveram de ceder terreno, pois as mulheres são numerosas e decididas.

A conversa poderia prolongar-se, mas deixaria transparecer apenas o discurso álibi, aquele que é consciente. Ao passo que o discurso inconsciente, aquele que precisa ser escondido, pois é vergonhoso, é que se tornou necessário alimentar o ogro da produção, e que as mulheres liberadas resolveram o problema.

Desse modo, o feminismo desejado, permitido pelas condições econômicas, viria a forjar uma ideologia de combate e promover suas próprias normas culturais, entre as quais uma nova concepção do corpo e particularmente a recusa das curvas.

E aqui, no cerne de um movimento que se globaliza, vamos encontrar a mesma dupla mensagem:

A linguagem inconsciente, aquela que orienta de maneira obscura as operações, é a recusa dos polos sexuais. O homem e a mulher são iguais, e, portanto, o que faz a diferença entre eles é ruim para a doutrina. Para impor os mesmos salários, os mesmos direitos, as mesmas liberdades sexuais e econômicas, é necessário reduzir a defasagem onde quer que ela exista, nos comportamentos, nas preferências e na moda.

Quanto ao corpo, ainda que possa parecer impensável, é preciso tentar atenuar as diferenças muito marcantes, eliminando tudo que cheire a polaridade sexual e que não seja vital.

A linguagem álibi que se julga consciente é aquela que é soprada no ouvido das mulheres para permitir-lhes recitar argumentos. E, como sempre, é um discurso humanitário e moralizante que fala do "belo", do "bom" e do "bem".

O "belo" feminino vem a tornar-se, brutalmente, aquilo que em todos os tempos foi considerado inaceitável. Os seios chapados em costelas salientes passam a ser o padrão desejado; o sutiã, inútil, sai de moda e os seios voluptuosos são declarados vulgares. Não se hesita sequer em chamá-los de mamas. Quanto aos quadris e às coxas, passaram a ser volumes incômodos, preocupantes, que perturbam a harmonia do corpo. É necessária uma lucidez heroica para enfrentar semelhante rolo compressor.

Depois da linguagem do "belo", se não for suficiente, serão entoados os refrões do "bom", e para isso se haverá de recorrer a bobajadas pseudomédicas.

A mais maligna delas é a invenção da celulite, palavra que gera arrepios desagradáveis até na mulher mais inteligente. O mais leve arredondamento das coxas, a menor curva serão qualificados como culote. Você ouvirá afirmações categóricas de que isso perturba a circulação, de que é preciso emagrecer rapidamente para evitar estrias e varizes. E se você tiver a audácia de duvidar, ouvirá também que o seu peso é excessivo e que corre o risco da obesidade, que está sendo intoxicada pelo colesterol e que a flacidez a espreita.

Finalmente, o "bem" é guardado para o final, e contra este argumento já não há mais o que objetar. Nesse ponto, estamos no terreno da histeria coletiva. E friamente, sem o menor medo do ridículo, repete-se intensamente que com dois quilos a mais a pessoa não se sente "bem". Fica exausta, sem fôlego por qualquer motivo, congestionada, perde a vivacidade, a alegria.

Como, então viviam nossas mães, com 10% a 15% de sobrepeso, ao mesmo tempo sendo consideradas magras na época?

Objetivo: reduzir as diferenças sexuais

A grande questão do projeto feminista foi inicialmente convencer as mulheres. Acreditem, não foi fácil; e essa ideologia ainda encontra enorme resistência. Pois, ao contrário do que querem nos fazer crer, a mulher sente instintivamente seu papel e sua função.

A grande mistificação reside na palavra "igualdade". Essa palavra contém uma nobre aspiração que ninguém pode discutir. Sob a proteção desse estandarte inatacável, contudo, lentamente se foi desviando do ideal dos sexos iguais para esse outro, monstruoso, dos sexos idênticos.

No entusiasmo do seu justo combate para obter os mesmos direitos, as feministas englobaram inconscientemente uma tentativa inútil de abolição das diferenças.

O diferente tornava-se desigual, rapidamente resvalando para o conceito de inferioridade. Foi nessa posição que o feminismo encontrou seus melhores argumentos, conseguindo convencer mais. E foi nesse clima de confusão que a guerra contra as diferenças foi declarada.

Ora, uma mulher é fundamentalmente diferente de um homem. Para convencer-se disso, basta-lhe olhar o próprio corpo num espelho, ver o seu rosto, sua altura, seus seios, seus quadris, sua pele, ouvir sua voz.

Quanto ao comportamento, à afetividade e à sexualidade, teve-se a coragem de dizer que havia uma estrita identidade e que a sujeição secular gerara do nada um arquétipo puramente cultural.

Não sei quem foi que disse que alguém não é uma mulher, mas se torna uma mulher. Na verdade, sei perfeitamente. Mas então, antes de se tornar uma mulher, que se haveria de ser? Um ser assexuado, indiferenciado, ou talvez um homem?

Não ousarei aqui valer-me dos argumentos ligados ao comportamento periódico da mulher, assim como à maternidade, pois seria fácil demais; sua própria vida sexual é tão distinta e tão complementar em relação à do homem! Tudo isso já é perfeitamente clássico, e fugiria ao meu objetivo.

Vou-lhe revelar, no entanto, unicamente pelo sabor de uma boa história, que uma proporção estatisticamente suficiente de mulheres, ricas em estrogênio, têm "mania de arrumação e limpeza" alguns dias antes das regras, vale dizer, num período em que estão impregnadas de hormônios e, portanto, eminentemente femininas.

Quem acreditará? E, no entanto, é verdade, e eu sei que, lendo estas linhas, certas mulheres reconhecerão essa necessidade incontrolável de mudar os móveis de lugar e de pôr tudo em ordem.

Mas pouco importam os comportamentos e o afeto, tão ricos em oposições. Seria necessário um outro livro para comparar esses dois perfis psicoafetivos. O cerne do meu tema é o corpo da mulher, e é nesse território de tão altos contrastes que as palavras de ordem têm sido mais ultrajantes e os *ditados*, mais cegantes. Como as diferenças são muitas e evidentes, podiam alterar toda a teoria, e decidiu-se então investir contra o impossível, conseguindo-se atingi-lo. Para isso, bastou promulgar modas em rajadas que se abatiam simultaneamente sobre tudo que pudesse distinguir o homem da mulher, para reduzi-lo.

Tentemos um breve levantamento:

Os cabelos

Eles são classicamente longos na mulher e curtos no homem. Foram sistematicamente selecionadas modas que inverteram essa tendência natural. Bastou a aura mítica dos Beatles para que uma juventude contestadora e sadia deixasse crescer os cabelos. Foi a moda dos beatniks e dos hippies. Hoje esse lugar foi ocupado pelas faixas na cabeça, os brincos e piercings.

Quanto às mulheres, tudo começou com os cabelos curtos de Jean Seberg, que podia fazer todas as variações, pois tinha um maravilhoso rosto.

Desde então, o comprimento dos cabelos femininos varia mas não retorna mais às cabeleiras das freiras.

Pelos

Ainda não se encontrou um meio de tornar as mulheres peludas. A barba e o bigode masculinos saíram de moda. Hoje em dia, usar bigode é um sinal de vulgaridade, e apenas um em cada 15 garotos usam barba. E todos os anúncios publicitários atuais saúdam o homem "bem-barbeado".

As calças

Foram durante muito tempo um traje estritamente masculino. Mas não são mais. De tal maneira que uma expressão tão tipicamente francesa quanto "porter le pantalon" [usar calças], aplicada a uma mulher de comportamento autoritário e viril já não é mais usada.

As primeiras mulheres que ousaram usar calças eram maravilhosas e um pouco ridículas, mas suficientemente belas e excêntricas para serem perdoadas. Além disso, as originais viraram multidão, e as calças acabaram por deixar de chocar. O olho se acostuma com tudo, e embora a questão seja apenas simbólica, não deixa de ser altamente reveladora.

Pelo menos esses primeiros trajes respeitavam os volumes, deixavam os quadris e as coxas respirarem, cingindo a cintura e as panturrilhas.

Surgiu então o jeans, chegando com ele a primeira roupa unissex. Estava dada a senha. Nessa única palavra resume-se toda a doutrina e todo o horror da bipolaridade.

Hoje, diante de uma blusa de malha que lhe agrada, você ousa perguntar se também existe um modelo feminino. E vem a resposta: é unissex. Unissex são as camisas, as camisas de gola polo, as meias. Está procurando uma gravata? É só escolher. Você pode até comprar calças do excedente do exército americano, autênticas calças de soldado, com cintura militar, que terão de ser bem apertadas se você não quiser ficar nua ao virar a esquina.

E como é que se faz para que um corpo de mulher entre num jeans unissex? Não dá para entender. Então a vendedora lhe recomenda friamente que se deite para conseguir fechá-lo. É a única maneira de fazer penetrar nele quadris que não conseguem aceitar as próprias formas.

Lembre-se da resistência feminina ao primeiro *tailleur* que Chanel ousou criar. E na época era apenas o equivalente do terno masculino. Ainda havia uma saia. Hoje, é o protótipo do que se faz de mais clássico para a mulher. Experimente perguntar a uma jovem por que gosta de usar calças. Ela jamais responderá com a única autêntica razão lógica e evidente: copiar o homem. Vai seguir a palavra de ordem, recitando a resposta padrão: porque é bonito e sobretudo prático. Mas se fosse realmente tão bonito assim, por que ter esperado até o fim da Segunda Guerra Mundial? E o que há nelas de tão prático? Leva duas vezes mais tempo para vestir. Nem todas as verdades são fáceis de dizer.

Os ombros

Seria tão simples dispor de uma borracha milagrosa que apagasse de uma só vez esses maravilhosos ombros masculinos que tanto se impõem. Ela ainda não existe, mas é possível fazer melhor, decretando-os fora de moda.

Onde estão nossos magníficos Tarzans, nossos ombros de outras eras? Existe alguma coisa mais fora de moda que um fisiculturista? Nem mesmo os grandes nadadores ousam mais se exibir. Todos relegados às feiras, aos circos e às praias populares.

A moda fez o seu trabalho e as ombreiras masculinas desapareceram. Hoje são os costureiros femininos que se apoderam delas. Você se lembra das coleções de Thierry Mugler e de suas roupas de astronauta para mulheres? Faltavam apenas os capacetes!

Os sapatos

A espécie humana nunca gostou dos próprios pés. E, no entanto, foram eles que carregaram o peso quando se tratou de assumir a posição ereta, permitindo-nos esquecer nossas origens simiescas.

Os saltos altos permitem à mulher acentuar a modelagem e a finura de sua perna, e, desse modo, aumentar a curva lombar, ressaltando as nádegas.

Era arriscado demais. Eles foram então reduzidos, chegando-se a incitar as mulheres a escondê-los em botas de montaria. Conheço jovens secretárias que não hesitam em gastar um terço do salário num par dessas botas, e se parecer caro demais, existe a alternativa dos mocassins sem salto, unissex.

No caso do homem, em contrapartida, é recomendado elevar o salto. Três, e depois quatro e cinco centímetros de elevação. E se não tivéssemos pelos nas panturrilhas, estariam na moda as calças de jogador de golfe.

As curvas

Mas foi no território mais sagrado que se deu a mutação de ideias e gostos mais radical, a mais veemente e encarniçada possível.

As curvas são um conjunto que simboliza por si só a feminilidade no que tem de mais sexual. Elas são o símbolo mas também o desencadeador, a chave de tudo que pode despertar a libido de um homem. Quantas vezes terei de repetir que os homens preferem as curvas, não as gordas, nem as pesadas, mas aquelas cujas belas formas arredondadas e flexíveis podem ser vistas e tocadas, e cuja elasticidade resiste à pressão dos dedos e à intensidade do olhar.

Para prová-lo, basta a violência da reação. As ideologias e a cultura, redutoras das diferenças, lançaram na batalha suas melhores tropas, os maiores orçamentos publicitários, sua campanha de intoxicação mais longa e encarniçada.

Se as curvas tivessem pouca importância, o empenho teria sido mais modesto e a insistência, menos ensurdecedora. Se foram feitos tantos esforços, é porque as curvas eram o prato de resistência. Era preciso decapitá-las, botá-las fora de moda, degradá-las, torná-las vergonhosas. Caso contrário, a batalha estaria perdida.

E o combate foi tão bem-conduzido que hoje em dia é preciso ser muito descarada, uma "perdida", para ter a coragem de usar uma roupa que modele, mostrando os quadris e as coxas.

Inventou-se a celulite para todo mundo, os odiosos culotes para desqualificar as mais leves curvas. Os próprios homens, programados até a medula para reagir ao primeiro sinal, mostram-se hesitantes, inseguros. Não sabem mais o que pensar de uma mensagem tão contraditória. O instinto os impulsiona adiante e a cultura os reprime. Você dirige um olhar furtivo aos quadris de uma mulher, e ela se põe de perfil para privá-lo de seu significado e sua expressão. Você faz menção de ver mais de perto, e as luzes são apagadas. Você pousa a mão, e provoca coceiras. A bússola não indica mais o norte, mas o sul. É grande o risco de ser definitivamente perdido o caminho.

Porém, uma batalha perdida não decide o resultado da guerra. A cultura é fruto de uma sociedade ou mesmo de uma civilização. Por mais sólida que seja a ideologia por trás dela, não passa nunca de produto do "computador" humano, e nesse sentido pode e realmente acaba por se desgastar.

O que dura, o que se dobra mas não quebra, é a natureza humana. Eu sei, por amar os livros de história, que nenhuma cultura resistiu por muito tempo à nossa programação. Pretendeu-se fazer a experiência da eliminação das diferenças sexuais e se chegou parcialmente a consegui-lo, mas enquanto existir no planeta uma única mãe para criar a filha, para que se torne uma autêntica mulher, não terei motivos de perder definitivamente a esperança.

No último capítulo, darei minha modesta contribuição para esse esforço de reerguimento dos valores subjacentes à feminilidade. As palavras de ordem já são menos furiosas.

A *liberdade sexual*

Antes de terminar com a ideologia profundamente responsável pelo tabu das curvas, gostaria de examinar rapidamente o estado da sexualidade e ver de que maneira ela resiste à nossa sociedade de consumo.

Foram reduzidas as diferenças que outrora sinalizavam tão bem os sexos. Incontestavelmente, os homens são menos viris e as mulheres, menos femininas. Os sinais emitidos pelos dois polos são menos fortes. Que consequências tudo isso acarretou e como é que nossa sexualidade reage a semelhantes distorções?

Você já viu uma pista de dança moderna? Não se dança mais frente a frente, só em grupo. Entra-se num magma informe para se agitar ao ritmo comum. A música lenta é o único momento em que se pode sentir, tocar e deixar passar a mensagem da pré-sexualidade. Hoje, numa boate da moda, ela não tem mais lugar, e é em vão que se espere por esses poucos minutos de verdade.

Onde estão os tangos corpo a corpo, as polcas em que as mãos ficavam imperativamente coladas nos quadris? Saíram de moda. Um único compasso dessas duas danças levaria à falência qualquer um desses estabelecimentos. Não estaria aí uma indicação formal do distanciamento sexual?

E no entanto, paralelamente, é promovida uma liberdade sexual total, e o público pede mais. A pornografia tem seus adeptos e a tarja preta, não mais. Que se faz com toda essa liberdade? Quero crer que se faz uso dela, mas não estou convencido de que seja para finalidades úteis.

Já dediquei um parágrafo ao papel da sexualidade no estabelecimento de um vínculo duradouro entre um homem e uma mulher. Para que esse vínculo seja esboçado, é necessária uma atração sexual. A natureza tinha programado uma regra do jogo, com seus desencadeadores, seus emissores, seus receptores. Você já sabe o que foi feito com eles. O vínculo começa mal. O primeiro momento de magia subentendido pelas mensagens biológicas perdeu eficácia. Além disso, cada parceiro sabe que existem muitos candidatos no sexo oposto. O olho insuficientemente atraído por um parceiro único continua procurando concorrentes disponíveis e sexualmente liberados.

Um desejo guardado por muito tempo corre o risco de desaparecer. O tempo de exposição é então sacrificado e a foto sai borrada, o cimento não pegou e o vínculo é frouxo. É o que explica a atual dificuldade da sacralização sobre a qual deve repousar um casal iniciante.

Não quero entrar num estudo sociológico do casal. Mas o sagrado tem origem na defasagem entre o que dizem nossos instintos e o que afirma nossa razão. Quando nossos instintos falam e nossa razão não os entende, falamos de magia, de mitologia e de irracionalidade, e tudo isso leva ao sagrado. Do vínculo sexual ao amor existe apenas um passo, que não entendemos bem.

Entre um olhar profundo e a emoção que ele provoca em nós, entre sinais que emanam de um corpo e a energia que nos impulsiona a possuí-lo existem apenas forças naturais em ação. Tentar negar é ter medo das palavras, o que não impede nossa natureza profunda de pouco se importar, continuando a fazer o nosso bem apesar de nós mesmos.

Talvez seja democrático, mas o fato é que, quando um homem põe a mão ou os olhos em algo, a natureza continua em ação. Talvez com mais dificuldade, hesitando, enfrentando obstáculos, mas, creio e espero, com eficácia suficiente para que o amor continue a existir.

A homossexualidade é uma das raras constatações de fracasso da natureza. Quando é total e definitiva, interrompe um elo portador da longa cadeia que remonta ao início da humanidade. Em si mesma, ela não é mais um mal, num mundo superpovoado, mas um sintoma, uma falha. Deve ter existido sempre, pois tem um suporte biológico, mas quando atinge uma frequência muito elevada (37% dos homens americanos tiveram um orgasmo homossexual na vida), certamente revela uma incitação cultural.

Pessoalmente, vejo nesse chamativo luminoso um sintoma suplementar da perda da bipolaridade sexual.

Se os sexos já não são tão contrastados, acabam por se assemelhar, e para certas personalidades hesitantes o passo na direção da inversão já é apenas um caminho muito curto.

A homossexualidade é um fato que não precisa ser julgado e ainda menos combatido. Mas pode ajudar-nos a entender melhor nossos descaminhos e os riscos da sinalização insuficiente de nossos veículos. Assim, para evitar qualquer risco de colisão inesperada, é desejável levantar nossos estandartes o mais alto possível e ostentar nossas placas sem a menor ambiguidade.

Uma mulher que realmente queira ser reconhecida como tal deve ostentar suas curvas com orgulho, sem camuflá-las. Deve deixar seu perfume natural vivo, para ser sentido, dando voz à própria voz e às mãos. Seu corpo gracioso e delicado fará o resto. Prevejo para ela um futuro promissor.

Por que a França?

Até o momento, quando falava de sociedade de consumo e feminismo, eu os encarava na dimensão da civilização ocidental.

Mas é no mundo anglo-saxônico e do norte da Europa que essa ideologia funciona melhor. Nele, a mulher e o consumo são ainda mais livres do que na França.

O tabu das curvas também existe nessas sociedades, mas depois de observar suas diferentes culturas, cheguei a uma conclusão difícil de confessar: a França bate o recorde da alergia às curvas, e as palavras de ordem e ditados são os mais rigorosos e menos flexíveis. A mulher francesa é a mais engajada na corrida à magreza, e é ela que mais sofre com as próprias curvas.

Por que os franceses estariam na vanguarda de semelhante combate? Por que, depois de inscrever o "amor à francesa" e a "mulher francesa" nos arquétipos universais, aceitariam simbolizar a desencarnação e o ressecamento das formas?

O motivo é duplo. O objetivo básico da atual ideologia é transformar a mulher em consumidora. Nos países anglo-saxônicos não houve grande resistência, e muito rapidamente a mulher começou a trabalhar. Mas a França é um país latino, seus habitantes estão mais preparados para resistir, e com isso a ideologia, para triunfar, precisou mobilizar suas armas mais pérfidas e maquiavélicas.

A mulher americana rendeu-se sem combater, mas a mulher francesa não tinha sido suficientemente trabalhada. Ainda era por demais naturalmente mulher. Era preciso penalizar seus encantos. Por serem as mais femininas do mundo é que foram as mais punidas.

As curvas associadas a outros sinais e salpicadas de charme e elegância ornamentavam a francesa do pré-guerra. Hoje, depois da tempestade, resta-lhes uma certa aura, mas suas curvas naufragaram e os grandes cineastas internacionais não se preocupam mais em vir recrutar na França os melhores símbolos sexuais.

O segundo motivo tem a ver com o fato de que há muito tempo Paris é o ponto de partida da moda ocidental, e a estrela da França brilhou com particular esplendor entre 1930 e 1965. Por isso, os franceses eram os mais expostos e os primeiros a serem atingidos pela palavra de ordem contra as curvas. No coração do emissor, foram os mais bem-servidos, e, como todos os bons guias, ainda estão à frente.

Por que se aceita a palavra de ordem?

Acabo de explicar quem é que no fundo lançava a palavra de ordem. A sociedade de consumo, para levar as mulheres a trabalhar, teve de se conformar em lhes conceder novos direitos. No início, o feminismo tinha um objetivo nobre, lutar contra as desigualdades entre os sexos, mas na veemência da sua militância e no sucesso de sua *démarche* veio a incorporar as diferenças a seu programa. Com isso, já não se tratava mais simplesmente de terem igualdade de condições, mas de serem idênticos. O mal-entendido todo veio daí, e as curvas, que são uma das mais belas diferenças sexuais, tiveram o destino que você conhece.

Sabemos, assim, de que maneira e por quem as palavras de ordem são transmitidas. Mas por que será que as seguimos sem espírito crítico? E por que nossas mulheres são manipuladas com tanta facilidade?

Mais uma vez, vou recorrer à biologia, pois é difícil encontrar um terreno do comportamento humano que não seja repentinamente esclarecido à luz de suas descobertas.

Sabemos que antes mesmo de sermos homens, já éramos há muito tempo símios sociais. Ou seja, vivíamos em grupos compostos de 15 a trinta indivíduos.

Nesses grupos, havia uma hierarquia relativamente rigorosa. Esse senso da hierarquia pode ser encontrado em todos os primatas que vivem atualmente, inclusive o homem. Isso significa que cada horda é dominada por um símio alfa que é o macho dominante: é o equivalente do chefe, e abaixo dele existe um número 2 e assim sucessivamente até o mais fraco de todos os adolescentes, que é o símio ômega.

A força física é um dos elementos que permitem o domínio, mas nem de longe é o único. O que entra em jogo tem mais a ver com a agressividade, a energia e sobretudo a autoconfiança. O macho alfa é aquele que se impõe mais aos outros. A hierarquia rapidamente é estabelecida. Alguns combates ocorrem para afastar rivais de autoconfiança semelhante, mas, uma vez estabelecida, ela não volta a ser posta em questão. E a ordem se instala definitivamente no grupo.

Nós guardamos em nossas velhas estruturas arcaicas uma ressonância de nosso passado primata, e hoje sentimos com a mesma intensidade a posição autoconfiante de um líder.

Além disso, devemos a esses mesmos vínculos biológicos algo a que damos um nome bem capenga: o instinto gregário. A angústia da solidão é um componente profundamente humano. Já se disse que um chimpanzé isolado não era mais um chimpanzé. De qualquer maneira, é certo que não viverá muito tempo.

Um homem sozinho poderá viver, mas sua existência será a de um marginal, e ele não poderá alcançar a plenitude de suas potencialidades e recursos. As estatísticas americanas de seguros são claras: os solteiros têm uma expectativa de vida abreviada, e é entre eles que se encontram os mais altos índices de suicídio.

Essa atração gregária tem, na biologia do comportamento, um nome mais significativo, sentimento de vinculação ao grupo. Trata-se de uma força de coesão extraordinariamente tenaz, que em certas ocasiões pode superar os instintos mais profundos. Os soldados americanos feitos prisioneiros e que sofreram lavagem cerebral durante a guerra do Vietnã foram todos trabalhados nesse sentido, no mais completo isolamento.

É esse profundo sentimento de ser uma parcela de um todo que nos leva a aceitar cegamente as palavras de ordem que provêm desse todo. E é aí que se manifesta o que eu chamaria esquematicamente de regra dos 50%.

Quando um bando de gralhas de nuca cinzenta, um pássaro migratório, pousa num local de seu percurso para passar a noite, sua coesão está intacta. Os pássaros, então, se dispersam e escolhem um território. Pela manhã, muito cedo, ao nascer o dia, pode-se perceber por sinais muito precisos e pios particulares que uma parte do bando está pronta para partir. Os pássaros dão voltas no ar, parecendo chamar os demais.

Mas não é suficiente. Algumas falsas partidas são tentadas pelos pássaros mais apressados. A verdadeira revoada acontecerá quando mais da metade das gralhas participar, intervindo a regra dos 50% que faz a balança pender para o lado mais pesado.

Mas é curioso constatar que sua concepção da maioria não é tão democrática quanto parece. Existem pássaros cuja posição hierárquica é de tal ordem que sua voz vale muito mais. Se o macho dominante e os membros mais confiantes do bando já estão no ar, não é mais necessária a maioria numérica. Sua simples presença influi muito na decisão final.

Entre nós, o mesmo se aplica à penetração das palavras de ordem, preferências e da cultura em geral. Já se disse que uma teoria sempre começa na heresia e acaba na ortodoxia.

Quando surge, uma moda parte muitas vezes de um pequeno grupo de vanguardistas ou excêntricos. O corpo da sociedade não acompanha, considerando com certo desprezo essas manifestações de originalidade. Mas se essa moda ou essa ideia aos poucos vai conquistando adeptos, o grosso do grupo se questiona e a ideia deixa de ser uma heresia. É então que intervém o papel dos líderes. Em todas as sociedades existem personagens influentes ou carismáticos e indivíduos de reconhecido impacto social. São eles que tomarão a decisão, permitindo que a moda se torne ortodoxa.

A partir daí, será uma verdadeira avalanche se projetando sobre todos os demais, e ninguém vai querer ficar para trás. É o momento em que o senso de vinculação ao grupo é mais intenso e onde desaparece todo o senso crítico.

Lembro-me do surgimento da moda das minissaias na França. Levada da Inglaterra, previa-se que teria entre os franceses brevíssima existência. No fim das contas, algumas excêntricas podiam exibir suas magníficas coxas e pernas. Mas foi preciso que algumas mulheres influentes participassem da moda, arrastando a maioria em seu encalço, para que todas mergulhassem de cabeça. E quando digo mergulhar de cabeça, estou pensando nas que tinham tudo a perder. Se o ridículo nunca matou, isso pode ser provado nessa época. Nenhuma inibição impediu monstros de pernas curtas e grossas de adotarem uma palavra de ordem tão suicida.

O mesmo aconteceu com o tabu das curvas, e as resistências da época estão, hoje, perfeitamente esquecidas, mas foi necessário mobilizar uma quantidade impressionante de manequins famosos para arrastar as massas.

Twiggy provavelmente foi uma delas, mas a campanha incessante dos meios de comunicação, a participação dos estilistas mais famosos, a contribuição dos publicitários mais experientes, alguns grandes nomes da arte contemporânea figurativa e o rolo compressor do *prêt-à-porter* em sua unanimidade pesaram muito.

Considero esses envolvidos como os difusores da palavra de ordem, e é para eles que me voltarei no momento.

Quem transmite as palavras de ordem? Os líderes da moda

Vivemos numa época em que uma moda não pode existir apenas para a alegria de certos salões, como acontecia na época de Balzac ou Stendhal.

Hoje, a cultura é globalizada, é ocidental, e quando uma bela americana passa a gostar de tranças africanas, o Ocidente inteiro senta-se diante do espelho para fazer o mesmo.

A difusão dos meios de comunicação é de tal ordem que, quando Sharon Tate foi assassinada em Beverly Hills, o mundo inteiro ficou de luto. Não é meu objetivo aqui saber se isso é bom ou ruim, o que me interessa é como uma moda pode se difundir tão rapidamente, de que maneiras e quais são os principais responsáveis. E quando falo de moda, estou pensando naquela que me levou a escrever este livro: o tabu das curvas.

As curvas estão no coração do homem, e uma palavra de ordem imposta por uma necessidade econômica decidiu de outra maneira. A rainha--mãe recorreu aos seus barões, incumbindo-os de decidir a sorte dessa favorita

Quem são esses barões exterminadores que ousaram executar sem nenhuma contestação esse crime? Vou apresentá-los numa ordem que levará em conta a importância de suas respectivas responsabilidades, pois se existem autênticos decisores, é maior o número de seguidores e são poucos os contestadores, mas todos desempenharam seu papel na difusão da palavra de ordem.

Os grandes responsáveis: os estilistas famosos

Seria interessante retraçar a história da invasão da magreza através das coleções anuais dos grandes estilistas. Mas seria longo demais, indo além do escopo deste livro. Eu o fiz para meu próprio prazer, e posso garantir que com eles estamos de fato num território de criação artística, entre pessoas cuja profissão é criar novidade.

Seu papel consiste em propor diferentes modelos de arquétipos, que serão selecionados pela cultura ambiente.

Quando as curvas saíram de moda e os estilistas, cansados de vestir corpos de abelha, voltaram-se para modelos mais retilíneas, todo o plano de campanha do interesse econômico e do feminismo já estava traçado. Bastou recorrer ao que era novo para orientar a opinião pública na direção desejada.

Poderíamos pensar, assim, que a responsabilidade dos estilistas é limitada e que, no fim das contas, eles apenas desempenharam seu ofício. Mas seria difícil esquecer o clima especial que prevalece nessas esferas da criação.

A homossexualidade na alta-costura é de uma frequência suficientemente elevada, do ponto de vista estatístico, para ser levada em consideração. Certo número de nossos mais prestigiados figurinistas tem um perfil psicológico e preferências em correlação estreita com seus hábitos sexuais. É absolutamente do seu direito, mas cabe a nós levá-lo em conta na análise de sua criação e das motivações de suas sugestões.

A homossexualidade provavelmente proporciona um sentido agudo e intuitivo do que pode ser harmonioso para a mulher, e não é por acaso que com a mesma frequência encontremos homens gays nos meios profissionais que cuidam de beleza, decoração e penteados. Mas sua frequência relativa prova que eles não são os únicos e que não há um monopólio.

Entretanto, por maiores que sejam seu refinamento e cuidado com a elegância, eles tinham inevitavelmente de recorrer a arquétipos de corpos femininos menos contrastados e mais masculinos

As curvas, não devemos esquecer, são um sinal biológico eminentemente sexualizado que será percebido com um máximo de eficácia pelo receptor masculino, e não receio afirmar que *quanto mais se é viril, mais se é sensível às curvas*. Era portanto altamente previsível que certos meios homossexuais da criação de moda não sentissem tal mensagem com a mesma intensidade. Estava na ordem das coisas, e foi o que aconteceu.

Por outro lado, inconscientemente, eles foram tentados a escolher seus modelos entre mulheres cujo corpo fosse suficientemente chato para ser esquecido, eclipsando-se modestamente sob o modelo apresentado.

Acontece que a mulher francesa é latina, possui formas, e é muito difícil estatisticamente encontrar mulheres muito altas, sem curvas, sem peito, de quadris estreitos, com coxas retilíneas e rosto de anjo. Para se certificar disso, basta consultar os arquivos das principais agências de manequins parisienses.

Recorreu-se, portanto, a estrangeiras, especialmente suecas e negras da África Oriental. Esses dois tipos étnicos fornecem sem problema esses longos corpos secos e retilíneos cuja feminilidade parece ter se refugiado na pureza do rosto.

Se esses corpos foram cuidadosamente escolhidos, acredito que foi em parte para atender a uma certa concepção androide e ressecada do corpo da mulher. Em termos biológicos, essa nova morfologia encontra-se a meio caminho entre a curva feminina e a angulação masculina. Mas esse motivo, por pertinente que possa parecer-nos, contém apenas uma parte da verdade.

O segundo motivo será talvez ainda mais fundamental, situando-se na esfera do estrelato e da mitologia que cercam esses criadores tornados célebres pela extrema difusão das modas.

Desde o fim da guerra, verificou-se uma mutação profunda na concepção criadora dos grandes estilistas. *Antes deles, eram criadas roupas para a mulher. Com eles, serão criadas mulheres para as roupas.* Parece estranho, mas é a conclusão a que cheguei seguindo a evolução de suas coleções. Todas as modas do pré-guerra levavam em conta o corpo da mulher, concebendo os novos protótipos em função de suas formas naturais. Era a pedra preciosa que merecia a modelagem de uma bela armação, assim como um estojo que a valorizasse. Mas a pedra, como o corpo da mulher, continuava sendo o centro das preocupações.

Desde então, tudo mudou, e radicalmente. Estamos exatamente no oposto da concepção inicial. Esses príncipes da criação, provavelmente ofuscados pelos holofotes da celebridade, já não se contentam com uma tarefa tão utilitária e prosaica. Vestir a mulher parece-lhes trivial, e eles preferem a condição de artistas de pleno direito.

Tudo isso para dizer que a nova roupa assim concebida será para eles um objeto de arte independente da função. Na década de 1950, as coleções anuais eram acompanhadas pelas mais belas e ricas mulheres do mundo, que não hesitavam em pagar um preço astronômico para serem as únicas a poder usar o protótipo, o exemplar único. Desse modo, no pensamento profundo dos novos criadores, a mulher perdia sua importância. Não era mais a pedra preciosa, já não era sequer a armação nem mesmo o estojo, mas apenas um suporte que precisava ser discreto, sem nenhuma personalidade, móvel e flexível para atender às necessidades da apresentação, mas sem nenhuma forma. Toda a beleza devia emanar do objeto apresentado, e a menor manifestação de personalidade ou feminilidade, de certa forma, lançava sombra sobre suas obras-primas.

Foi provavelmente desse modo que as curvas foram postas fora da lei. Existe nisso um desprezo fundamental pela mulher, nos limites da misoginia.

Se Deus criou a mulher, como se costuma dizer, criou também suas formas, e as curvas saíram de suas mãos. Recusá-las seria simplesmente blasfêmia, e mesmo quando entregue à maior vaidade, um criador humano não pode rivalizar com a natureza. Esvaziar a mulher de sua beleza, de sua substância, de seu sexo, para invocar para si mesmo a glória de uma criação sem concorrência, pode, portanto, ser parcialmente explicado pela vertigem das honrarias e da celebridade, sendo o conjunto exacerbado pelo clima homossexual dos meios da alta costura.

O homem e a mulher são apenas as duas metades complementares da criação natural. São solidários, e a beleza de um é o motor do outro.

Pode-se jogar infinitamente com a harmonia entre um corpo e o que o veste, mas sem deixar de guardar bem na memória que nesse dueto só os panos podem apreciar a tesoura. Pretender tocar no corpo da mulher, por vaidade de criador ou por uma sinalização sexual particular, é ultrapassar as próprias funções, pecar por orgulho e também confundir obscuramente a parte com o todo.

Os jornalistas

Em busca dos responsáveis pela difusão das palavras de ordem contra as curvas, não poderíamos ignorar a enorme propagação realizada pelos meios de comunicação.

O problema com que então nos defrontamos não é pequeno. A questão é saber se o jornalista é um simples observador ou se intervém na transmissão da mensagem. E, mais ainda, saber se trata-se de um filtro ativo ou passivo.

Outra questão, ainda mais interessante, consiste em saber se o jornalista deve fornecer ao leitor o tipo de informação que deseja, ou se o seu papel não seria antes propiciar nele uma curiosidade por um novo tipo de informação.

Em duas palavras, se lhe deve servir seus pratos favoritos ou proporcionar-lhe o gosto de alimentos desconhecidos.

A responsabilidade será diferente em função da resposta. Da minha parte, diante dessa alternativa, eu tenderia para a segunda resposta, por dois motivos:

Para começar, é extremamente difícil eliminar toda a subjetividade do próprio discurso. A partir do momento em que começamos a escrever, podemos esperar conscientemente estar mais ou menos envolvidos. O simples tom em que uma notícia é transmitida pode inverter o valor da mensagem. Por outro lado, seria muito depreciativo ser um simples filtro passivo e abastecer sem surpresa até o mais guloso dos leitores. Existe no papel da imprensa uma dimensão educativa explosiva ligada ao número de leitores potenciais.

Tudo isso para dizer que os jornalistas são responsáveis parcialmente pelo que transmitiram

Quais são então aqueles que têm mais impacto em virtude de sua posição? Sem dúvida alguma, os jornalistas das revistas femininas. Existe na França uma boa dezena de revistas influentes que há 15 anos repetem as palavras de ordem contra as curvas. E ao longo desse período não houve uma só pessoa em posição de responsabilidade que lançasse uma nota dissonante nesse concerto de vozes unânimes.

Leio com frequência essas publicações, pois lido com os problemas que afetam as mulheres, e as respostas que lhes são dadas me interessam, e às vezes me acontece, para minha grande surpresa, de dar com um artigo no qual o jornalista, cansado de repetir indefinidamente o mesmo discurso, detém-se por um momento, sem fôlego, e lança algumas dúvidas sobre a cultura ortodoxa que reina na imprensa francesa. As mulheres não poderiam soltar por um momento a pressão e deixar de olhar ansiosas para a balança ou a fita métrica do costureiro? A intenção é louvável, mas o tom não é convincente. Percebe-se que a censura pesa sobre sua nuca. Será que finalmente alguém terá coragem de dizer um disparate que sirva para apimentar um pouco as leituras monótonas? *Vai-se dizer com toda franqueza que não basta assumir as próprias curvas, mas que é bom amá-las?* Não, a mensagem confusamente esperada por todas essas mulheres não chega. De qualquer maneira, o questionamento, a simples dúvida eram louváveis. Continuamos, então, a ler e a virar as páginas da revista, e acabamos dando com as eternas manequins ressecadas, despersonalizadas e sinistras, apagando para todo sempre a luzinha de esperança que chegara a ser vista.

Os casos mais paradoxais são representados pelas publicações ditas masculinas. Uma parte da revista é dedicada a fotos de nus, que falam a única linguagem que agrada aos homens, e então é possível ver autênticas mulheres, cheias de seiva, recortadas nas curvas, com quadris e coxas que falam com eloquência de seu poder de atração. O fato de estarem nuas não as torna mais saborosas, pois vestidas teriam o mesmo efeito. Quando uma mulher é curvilínea, dá para perceber. E nesse mesmo tipo de revista, certas páginas são dedicadas à mulher. Nelas são apresentadas novas tendências da moda, e de repente a linguagem muda, fala-se às mulheres, e novamente vamos parar nas praias do Pacífico em companhia das mesmas modelos descarnadas, dispondo apenas daquele pouquinho de peito suficiente para não se afogar.

Tenho para mim que o jornalismo francês está fechado no assunto e que ninguém terá coragem de denunciar a situação, com vigor e sem ambiguidade

Mas sei também, por conhecer grande número de jornalistas, que se espera com impaciência esse grande momento, uma inocente "noite das facas longas" de investida implacável contra a magreza.

Acredito que é em vão que ficam sendo repetidas palavras usadas há tanto tempo que se acaba por cair na hipnose, e todo mundo dorme, exceto as curvilíneas, que com isso perderam o sono.

Um outro grande mal-entendido é a palavra "celulite". Que ela exista, que seja antiestética, incômoda, patológica, tudo isso é verdade. Utilizar a ameaça dos distúrbios circulatórios, das varizes, das estrias, do envelhecimento da pele, também concordo. Mas o grande erro é não definir claramente quem está sendo atingido. Pois estou convencido de que oito entre dez mulheres que leem esses eternos artigos que infalivelmente voltam a cada primavera e a cada verão se sentem atingidas. Ao passo que é muito provável que apenas uma de cada cem mulheres sofra realmente desse tipo de celulite.

Quando se está tranquilamente sentado no escritório escrevendo esse tipo de artigo, tenho certeza de que se transmite com toda boa-fé uma mensagem útil, mas, uma vez recebida, a mensagem causa mal-estar. Fala-se de pele enrugada, e centenas de milhares de mãos buscam as coxas com tanta sofreguidão que, de fato, aparece alguma miserável dobra que instantaneamente é classificada como celulite. Quando se está na extremidade emissora da cadeia da informação, a distância é grande demais para ouvir os gritos e gemidos provocados por esse tipo de revelação.

Qualquer médico será capaz de descrever os estragos que podem ser causados pela leitura de um dicionário de vulgarização médica. Você o abre ao acaso e acaba descobrindo um sintoma de uma doença que mata implacavelmente em três meses.

A celulite é o equivalente ao câncer da beleza. Você julga estar lendo tranquilamente um artigo bem-escrito, e de repente se vê contaminado. E estou falando apenas de publicações sérias. Tento esquecer aquelas que se limitam, para encher suas colunas, a apregoar clichês pseudomédicos sem fundamento.

Tomemos um exemplo eloquente: a luva de crina, recomendada a torto e a direito. Vou aqui fazer uma revelação dolorosa: exerço a medicina há trinta anos, e ao longo desse período não encontrei *uma só mulher* que não se mostrasse profundamente convencida de que a luva de crina era útil para sua circulação e a eliminação da celulite. Acontece que não só não é verdade, como o que acontece é o oposto. A luva de crina, sobretudo a seco e repetidamente, rompe a minirresistência elástica da pele, e a irritação crônica assim gerada é fonte de varicosidade.

Faça um dia a experiência e pergunte às suas amigas como funciona a luva de crina, e ficará estupefato de constatar que nenhuma delas está informada a respeito.

Para não falar do suposto papel dietético do queijo gruyère, provavelmente um dos mais gordurosos e salgados que existem.

Para não falar também da proibição de beber durante as refeições. E vou parar de "para não falar de", pois está na hora de fazer um balanço e concluir. Havia uma mensagem vinda do alto, ditada por nossa civilização do consumo, a respeito do novo papel das mulheres em nossa sociedade. Seu conteúdo era claro: nossas mulheres deveriam trabalhar para criar um segundo poder aquisitivo. Em compensação, mereceriam uma revisão das desigualdades sexuais. A mensagem foi deformada pelo feminismo militante, o qual, resvalando da desigualdade para a diferença, passou a combater em favor do unissex. Considero que foi aí que as curvas perderam seus direitos.

E acredito que o jornalismo feminino não interceptou suficientemente esse fim de mensagem inútil e perigoso.

Prêt-à-porter e *estilismo*

Com o *prêt-à-porter*, chegamos quase ao fim da cadeia de transmissão da palavra de ordem. A iniciativa pode parecer reduzida, a responsabilidade, limitada; acontece que ao passar por essa etapa, a mensagem adquire uma dimensão que agrava seu significado.

Se observarmos de perto as variações da moda no vestuário, buscando um fio condutor através de tudo que o *prêt-à-porter* produz a cada ano, vamos encontrar duas influências que se sobrepõem.

No topo da criação estão os tiranos ditatoriais, os grandes estilistas, que criam à parte das contingências materiais. É a concepção refinada da arte pela arte e do estrelato. Ela determina as grandes orientações. É o que os estilistas chamam de tendência. Ninguém discute esses decretos, que constituem o eixo da moda. Teremos, então, a roupa justa ou larga, a simplicidade ou o barroco. Estamos num âmbito genérico, sem preocupação com detalhes.

Na correia de transmissão entre a alta-costura e o público encontram-se os estilistas, cuja independência é limitada pelos imperativos econômicos dos fabricantes. É aí que reside a ambiguidade. O *prêt-à-porter* é movido por duas motivações que o impulsionam em direções opostas.

Os estilistas, de sensibilidade criativa, são espontaneamente atraídos pela novidade. Cada um espera dar origem ao seu pequeno milagre. Mas os industriais puxam em outra direção; seu imperativo é vender. Seu negócio não é a aventura, e seu único sonho é pegar o trem andando, se possível na frente de todo mundo. Mas eles são suficientemente lúcidos para entender que a imobilidade é fator de recuo.

Assistimos, então, a essas pequenas variações oscilantes que constituem tentativas, simples inovações, balões de ensaio para testar as reações do público. É a técnica dos pequenos passos do Pequeno Polegar, com medo de se perder; as botas de sete léguas são as dos grandes costureiros, que mostram a direção a ser trilhada.

Essas variações menores dizem respeito aos detalhes, às cores ou aos materiais. Mas essas ligeiras modificações, habitualmente hesitantes e prudentes, podem cair numa mina e explodir. Basta às vezes esboçar o primeiro detalhe de um novo eixo para sentir uma enorme demanda. Você está pescando sardinha e uma garoupa se agarra à isca.

Nesse momento, e somente nesse tipo de circunstâncias, é que se pode ter uma ideia da dimensão dessa indústria, e o mercado é inundado com uma rapidez e uma força surpreendentes.

O *prêt-à-porter* tem lá sua responsabilidade, na medida em que seus estilistas nunca tentaram dar pequenos passos na direção das curvas, embora fosse possível, e certamente rentável. A proibição deve ter sido muito pesada, para paralisar um corpo criativo e privá-lo de uma parte de sua potencial clientela.

Mas ele tem uma outra responsabilidade muito mais séria. Não contente em excluir as curvilíneas, resolveu torturá-las com requinte, jogando habilmente com os tamanhos, os modelos e o estilo.

158

Na prática, isso significa que até os 40 anos você pode vestir-se recorrendo às inovações para as quais foi preparada pela publicidade e a reação das revistas. Depois disso, não há mais nada para você.

Entretanto, para se aproveitar desse tamanho, é preciso que você seja constituída como previsto pelo fabricante. Você escolhe um *chemisier* de tamanho 38 que lhe vestiria perfeitamente, se o seu peito, normal mas arredondado, pudesse caber nele. Para acomodá-lo, seria necessário um 42, mas o resto ficaria sobrando. Vem juntar-se então mais uma frustração.

Finalmente, o derradeiro insulto é a segregação muito difícil entre as mulheres que têm direito à moda e à fantasia e as que ficam estacionadas no clássico, no comum e no triste.

E, no entanto, é de fato o que acontece. Se quiser estar na moda, é necessário que o seu corpo seja suficientemente chato e pouco contrastado, caso contrário o modelo não lhe servirá. Um belo peito, quadris e coxas muito femininos lhe barram definitivamente o caminho das calças, dos *chemisiers* que modelam o corpo e mesmo das camisetas que parecem tão alegres nas outras. Já não resta muita escolha a essas mulheres curvilíneas. Elas ficam restritas entre o clássico e o vulgar. Hoje em dia, uma jovem com *sex appeal* é condenada a provocar em saias com estampa de leopardo com fenda lateral ou a se vestir como uma vovó. É a punição mais severa inventada ao longo da cadeia de transmissão do tabu das curvas.

Trata-se de um excesso de zelo que sequer era necessário. Ele talvez permita induzir a comerciar mais com as felizardas que fazem parte do "clube das magras", mas só aumenta, inutilmente, as frustrações das curvilíneas.

O cinema

Se situei o cinema entre as corporações que pacientemente nos condicionaram ao gosto artificial pela magreza, foi única e exclusivamente para mostrar o quanto seu caso é exemplar.

De fato, a sétima arte teria condições de, provavelmente com mais talento do que ninguém, cavalgar esse cavalo de batalha e moldar ídolos em função dos arquétipos atuais. Porém, soube preservar sua independência, e nisso deu mostra desse espírito crítico que tão cruelmente tem faltado em outras paragens.

Com seu nítido desprezo pelo estereótipo feminino desencarnado, ele provou que podia ser ao mesmo tempo o *enfant terrible* do seu século e um sólido anteparo à decadência.

Sua atitude, todavia, tem um outro motivo mais pragmático: ao escolher uma mulher, um cineasta não se engana e a escolhe por causa de seu público masculino; é por isso que considero o cinema uma prova viva do que tenho dito.

Vejamos a maioria das estrelas que fizeram a grandeza do cinema moderno da última guerra até os dias de hoje, e podemos estar certos de encontrar símbolos sexuais.

Nunca esquecerei o forte calafrio que percorreu a espinha dos homens do mundo inteiro quando Ursula Andress apareceu pela primeira vez na tela, saindo da água no primeiro filme de James Bond. Os críticos internacionais imediatamente tinham reconhecido um símbolo sexual.

Quinze anos depois, quando surgiu Bo Derek, chegou-se a pensar por um momento que a mesma mulher estava fazendo novamente sua aparição. Enquanto isso, Raquel Welch tinha cortado o que ainda restava de fôlego em 100 milhões de americanos.

Olhe bem para essas três mulheres. O que têm em comum com o maior manequim mitológico de todos os tempos, Twiggy?

As três primeiras têm essencialmente o papel de falar aos homens, e não com diálogos sofisticados, mas com armas biológicas: as palavras-chave das curvas. Já Twiggy devia falar às mulheres, e foi exatamente o que fez.

Essas três estrelas possuem as curvas mais expressivas que possamos imaginar. É possível encontrar um pouco maior, um pouco mais cheio, mas bem lá no fundo do velho cérebro animal do homem, se existe uma imagem padrão do que pode desencadear uma atração e uma emoção imediatas, escolha um desses três corpos, e você não estará se enganando muito.

Essa mesma imagem pode atravessar os tempos, despertar os faraós, mobilizar Marco Polo, Casanova ou um porteiro de Nova York, e todos eles apresentarão a mesma dilatação de pupilas e a mesma tentação de estender a mão.

Quando falo de curvas, falo das formas dessas mulheres, e afirmo que nenhum desses três autênticos desencadeadores vivos teria a menor chance de desfilar para um de nossos grandes estilistas.

Se existe um escândalo, ou um paradoxo, é aí que se encontra; e mais uma vez agradeço ao cinema por me permitir recorrer a esse argumento.

E me responderão com toda boa-fé que qualquer mulher aceitaria de bom grado ter um corpo assim. O que não é verdade, talvez elas gostassem de causar a mesma sensação, mas quando se está condenado ao anonimato, postando-se diante do espelho com esse tipo de curvas, as coceiras aumentam ainda mais. Tive em meu consultório pacientes que, se não chegavam a ter harmonia equivalente nos equilíbrios, nem por isso deixavam de possuir coxas e quadris igualmente carnudos, e se consideravam simplesmente portadoras de celulite.

Mas o cinema não se limitou a revelar essas três mulheres. Praticamente qualquer atriz tem como ponto de honra ser ela mesma, revelando com isso não só o gosto dos homens, mas sobretudo que não é tão frequente assim uma mulher possuir um corpo de menino.

Hoje em dia, o que resta desse último reduto da resistência cultural, invadido pelas mulheres que fugiram desse mundo de manequins?

As curvilíneas de sonho de ontem são relegadas ao nicho dos filmes "para maiores de 18 anos", e essa ilha de lucidez e liberdade tem o mesmo destino que as Maldivas, e desaparece levando consigo todos os seus esplendores.

Conclusão

Alguns leitores pensarão que fui buscar muito longe as causas de uma simples moda passageira, e que as preferências nesse terreno mudam com a mesma desenvoltura e a ingratidão já conhecida da história.

Se eu pensasse assim, não teria escrito este livro e teria esperando de braços cruzados, limitando-me a anunciar a aproximação do dia D para minhas pacientes.

Mas a obsessão dolorosa com as curvas, tal como a constato diariamente como profissional, não é um sintoma isolado, faz parte de um todo: a redução das diferenças entre os sexos, e creio tê-lo comprovado suficientemente ao longo deste capítulo. Não se trata, portanto, de um fenômeno sem gravidade. Quando o cultural invade o natural, quando uma moda afeta um equilíbrio biológico fundamental, não pode restar a menor dúvida, a novidade é decadente e ameaça a civilização. E se essa civilização é a única no planeta, a espécie inteira fica ameaçada.

O tabu das curvas é, portanto, um mal em si mesmo, mas é também o sintoma de uma ameaça mais ampla. Para concluir com toda clareza, eu diria que o progresso foi durante muito tempo uma hipertrofia cultural que nos proporcionava conforto e abundância. Era o nosso ídolo, um velocino de ouro moderno. Hoje esse tumor benigno apresenta sinais de proliferação anormal. O cultural torna-se canceroso e ameaça invadir certos territórios da natureza humana.

Não podemos imaginar a importância do papel do faro para as curvas. Visto de longe, tudo torna-se claro, é o grande sinal do reconhecimento sexual.

A sociedade de consumo ocidental queria nossas mulheres e as conseguiu. Mais da metade delas está trabalhando. Para mantê-las nesse novo estado em que só uma elite muito pequena prospera, é preciso continuar a drogá-la com o conforto e a ideologia feminista.

"Mesmo cérebro, mesmo trabalho, o corpo terá de acompanhar." E de fato o corpo acompanha. O homem se feminiliza levemente e a mulher se viriliza lentamente.

A extravagante ideia da magreza nasceu no ambiente homossexual e de arte pela arte do mundo da alta costura. A mensagem foi retomada pelo jornalismo feminino, que a fez permear a moda das roupas e o uni verso de saúde e beleza. Um certo jornalismo feminino excessivo é res, ponsável pelo arquétipo da magreza extrema e da histeria da celulite. O *prêt-à-porter* industrializou a palavra de ordem, refinando a tortura dos tamanhos limite, dos modelos exclusivos e estilos. Assim foi que a ditadura percorreu a longa cadeia de especialistas da mulher, adquirindo a cada etapa um pouco mais de peso e autoridade. Quando a mulher a recebeu, seu sentido de vinculação ao grupo foi tão forte que o espírito crítico viu-se varrido ante o desejo frenético e não raro inconsciente de ser "como todo mundo".

É onde nos encontramos atualmente, e temos todos os motivos para crer que esse longo trabalho de condicionamento, nada inocente e muito menos casual, não morrerá de morte natural.

Certamente não alimento a ilusão de uma conversão radical do gosto, mesmo diante da constatação desses estragos.

Era necessário definir o problema, aceitar abrir os olhos para sua existência, encontrar-lhe um apoio biológico. Está feito.

No momento, cabe imperativamente tentar percorrer o caminho em sentido inverso, extirpar ideias e gostos suficientemente enraizados para terem ocultado o que é evidente.

É, portanto, o momento de recrutar aqueles que impõem sua autoridade pela simples presença, dando-lhes a oportunidade de exercer seu poder.

Será o tema do próximo capítulo.

Terceira parte

Por novas formas arredondadas

Ao fim deste passeio biológico, cultural e médico, questiono-me pessoalmente para saber se consegui ser claro.

De minha parte, para você e um pouco graças a você, consegui esclarecer o que ainda podia haver de confuso. Tendo partido de minhas constatações médicas — em confronto com mulheres inutilmente frustradas —, tentei dar um modesto grito de alerta. Se existe um conceito a respeito do qual gostaria de ter sido claro e que você deve ter em mente é que as curvas não significam um pouco mais ou um pouco menos de formas. Não se trata de um detalhe a ser escolhido em função das preferências da época, da moda ou das estações. Trata-se pura e simplesmente de uma característica morfológica normal e indispensável. É um dos quatro ou cinco sinais de reconhecimento que expressam a essência da feminilidade. Esse sinal está inscrito em nossos cromossomos. Nenhuma outra fêmea do mundo animal o possui, e é por esse motivo que ele nos pertence e que devemos aceitá-lo, exatamente como nosso grande cérebro ou os dois pés sobre os quais somos os únicos a nos manter eretos.

Para qualquer biólogo, trata-se de uma evidência que é facilmente constatada. Ora, qualquer que seja a disciplina, é difícil desmontar e demonstrar uma evidência. Ninguém pode explicar plenamente a escolha que a natureza efetua ao selecionar determinado órgão, e não um outro. As curvas são uma dessas escolhas, isso é certo. Por quê? Provavelmente porque saltam aos olhos e dão uma sensação particular na ponta dos dedos masculinos. A natureza poderia ter decidido por manchas de cor, como no caso dos lagartos, cheiros, como entre certos ma-

165

míferos, ou sons, como em certos pássaros. Ela optou pelas curvas, e devemos aceitar.

Um outro conceito não menos fundamental é o motivo de nossa recusa. Para começo de conversa, devemos reconhecer que o Ocidente atualmente rejeita as curvas como um corpo estranho, e o faz com suprema obstinação. Se tiver alguma dúvida a respeito, é porque você vive no meio do mato, sem rádio, televisão ou revistas femininas, sem publicidade e, sobretudo sem ter tentado vestir-se desde a última guerra. Nesse caso, e mesmo que tenha tido a sorte de aprender a ler, meu livro jamais lhe chegará às mãos.

Quanto às outras, terão precisado fazer a triste escolha: ser naturalmente sem curvas ou sofrer. E se você julga ter conhecimento de casos intermediários, é porque alguém mentiu para você.

Tentei fazê-lo entender por que nossa civilização de consumo fazia questão de apagar as diferenças entre os sexos, as diferenças mais gritantes, aquelas que não deixam margem à menor dúvida. A magreza foi concebida ao mesmo tempo que o poder aquisitivo da mulher. Tenha seu próprio talão de cheques. Divorcie-se à vontade. Tome sua pílula cotidiana e deixe suas curvas no vestiário para ir trabalhar. É essa a palavra de ordem.

E se você está entre os que me seguiram até o fim, tem o direito de responder que, como se trata de uma escolha irreversível, o que poderíamos fazer? Se essa amputação faz parte de um fato social que vem de tão alto, seria inútil tentar opor-se.

Pois eu respondo com uma palavra: poluição. A sociedade de consumo é poluente por definição. Mas a coisa seria inevitável por causa disso? Não haveria a cada movimento de conscientização um número maior de pessoas que a recusam? E também aí, a partir do momento em que formos uma maioria dizendo não, nós é que haveremos de ser detentores de uma nova verdade. Não deixa de ser triste associar uma imagem tão nobre quanto a da verdade à morna lei numérica. Mas é assim, e é por isso que eu tento convencê-lo.

Sei que este livro, qualquer que seja sua penetração, terá um alcance limitado, pois inverter um movimento de tal amplitude, há tanto tempo infiltrado no inconsciente coletivo das mulheres, requer uma contraofensiva em regra. Por isso é que vou me dirigir aos mesmos que usaram sua influência para incutir essa ditadura nas mentalidades, pedindo-lhes que subam novamente na balança, mas passando o contrapeso para o outro lado.

Que motivos teriam eles para me ouvir?

O primeiro tem a ver com o bom-senso. Tudo se desgasta, e o cultural e a moda ainda mais que o resto. Mesmo quando é útil, uma palavra de ordem pode mudar. Quando é inútil, precisa evoluir. Perigosa, será necessário que seja invertida. E acredito que as mulheres já sofreram o suficiente para dar carta branca àqueles que tomarem a frente de uma libertação que elas fingem recusar antecipadamente. Existe um certo pudor quando se trata de pedir ajuda, ainda que inconscientemente formulada.

O segundo motivo tem a ver com argumentos lógicos. O objetivo perseguido por nossa sociedade de consumo foi atingido. Hoje, as mulheres trabalham e enfrentam o mesmo desemprego. De que adianta, então, permitir que continue sendo difundida uma palavra de ordem que não tem mais função? Devolver as curvas às mulheres não fará com que voltem atrás. Os lares abandonados continuarão vazios por muito tempo, para que, então, permitir que continuem sofrendo inutilmente? Um nutrólogo lhe diz que elas estão sofrendo e que jamais haverão de confessá-lo a outros homens. Por que não acreditar nele?

Decidi, portanto, escrever algumas cartas abertas aos que, em posição de responsabilidade, exercem suficiente impacto para inverter a tendência ou simplesmente criar um clima propício a uma mutação natural. Aos grandes costureiros, aos meios de comunicação em geral, ao *prêt-à-porter* e aos estilistas, será uma carta aberta simbólica, não enviada, que não deixará o corpo deste livro.

Mas escolherei cinco grandes jornalistas de impacto e influência bem conhecidos sobre as superestruturas dos meios de comunicação franceses e lhes enviarei pessoalmente uma carta aberta cujo texto fará parte integrante deste capítulo.

Não sei qual será sua reação, mas eles a terão recebido.

Eu sei que eles têm poder; se serão convencidos a agir de alguma maneira, cabe a eles decidir. Um jornalista fica na encruzilhada entre as mensagens que lhe chegam e as que difunde. Minha posição privilegiada de observador médico num terreno bem específico me dá a convicção de que minha mensagem tem sua importância. É raro poder dar-se o luxo de informar os informantes, pois como a ciência poderia inspirar?

Finalmente, antes de me dirigir a corporações, recorrerei a todo o sexo masculino. Ele demonstrou amplamente que se mantinha à parte desse fenômeno, e por sinal a ditadura não lhe era dirigida pessoalmente. Ele soube, com certa impertinência, deixar que as mulheres se imolassem no altar da magreza, sabendo perfeitamente que elas não morreriam e, sobretudo, que sofreriam mais do que emagreceriam.

Carta aberta aos homens

Vocês representam a metade masculina da sua espécie. A linguagem que lhes vou falar será portanto a do sexo. Mas existem duas maneiras de interpretá-la: no seu nível de adultos e no dos adultos de amanhã, ou seja, seus filhos.

Hoje, com efeito, em parte vocês são masculinos porque nasceram assim, mas também são fruto da cultura na qual cresceram durante algumas dezenas de anos. Cabe assim tentar saber não só o que vocês pensam da sua atual sexualidade, mas o que haverão de ensinar aos seus filhos, cujas orelhas estão bem abertas.

Quando ouvem falar de curvas, pode acontecer de assobiarem, o que pode fazer parecer que enxergam apenas futilidade na questão. Vocês têm a mesma atitude quando as mulheres falam sobre roupas na sua presença. Vocês não se importam, fazem piadas e logo voltam a preocupações que lhes parecem mais sérias.

Mas é aí que preciso detê-los. As roupas talvez sejam uma questão de gosto, de moda ou temporada, talvez sejam um brinquedo que convenha deixar às mulheres, já que lhes pertencem desde a origem dos tempos. Mas as curvas são uma questão muito diferente. Sem que vocês se preocupassem com isso, esse atributo lhes pertence. Eu diria mesmo, paradoxalmente, que pertence exclusivamente a vocês. E se a mulher o carrega com maior ou menor amargura, a verdade é que não passa de sua depositária. Esse sinal faz parte da sua retina e da ponta dos seus dedos de homem. Com certa dose de paciência, pode-se deixar que aquelas que amamos discutam esse usufruto, mas jamais permitir que o destruam.

A espécie humana, como todas as outras espécies, foi programada para durar baseada na eterna regra do jogo dos dois polos sexuais. Por uma convenção bem-estabelecida, cada polo anuncia suas intenções graças a alguns sinais biologicamente inscritos na carne. As curvas não têm outro sentido nem outra razão de ser. São provavelmente o sinal mais expressivo e mais eloquente. Nesse sentido, são intocáveis, mas se houver a intenção, por influência de pretensões de aprendiz de feiticeiro, de passar ao largo e atentar contra sua existência, essa decisão deve ser tomada a dois, sabendo o que se pode esperar.

Tente imaginar por um momento a reação da sua esposa se você decidir unilateralmente praticar no corpo e no rosto uma depilação generalizada. Ela estaria certa em pensar que você foi além dos seus direitos. Acontece que as curvas pesam mais na balança do que todos os seus pelos reunidos.

Se elas desaparecessem completamente, o que espero que não vá acontecer em breve, a sua libido seria amputada de um dos seus mais caros desencadeadores.

Existem, provavelmente, maridos cujas esposas são desprovidas de curvas, e que poderiam me garantir que sua sexualidade vai muito bem. Não tenho motivos *a priori* de duvidar de sua boa-fé. Todavia, devo responder-lhes que eles talvez funcionem, sem saber, como um "motor sobre três patas", e que sua virilidade deve ser muito forte para dispensar um estímulo tão essencial.

Mas será que imaginaram que o que funciona poderia funcionar bem melhor? Sobretudo, não esqueçamos que o tempo desgasta o valor das mensagens que provêm de um corpo conhecido e praticado há anos. Para resistir, diante dessa erosão, é desejável que a mulher não se ampute de seu melhor meio de dar origem ao desejo.

Pois, afinal, foi dita a palavra de grande peso: "desejo." Uma palavra constantemente objeto de abuso e que leva uma vida agitada em nosso inconsciente. Se soubéssemos como é feita de materiais simples!

Todos os machos do reino animal se decidem segundo os mesmos critérios e correm para suas fêmeas em função de apelos aos quais obedecem sem entender.

Para nós, humanos de nuca rígida, o simples fato de entender não muda nada. Nós entendemos, mas acorremos com a mesma excitação. Só nossa vaidade de pensadores nos leva a crer que poderíamos escapar de uma lei própria da vida.

Por mais pragmática que possa parecer, a biologia contém uma ética de dimensão universal. Ela nos ensina que o amor é filho do desejo e que o vínculo que une um casal é de essência exclusivamente sexual. Nesse fim de século em que tudo parece ser permitido, poderia ser muito perigoso esquecê-lo.

Assim, minha mensagem aos homens será simples e clara. As mulheres baixaram a guarda diante de um imperativo cultural. Nesse recuo, correm o risco de perder uma parte delas próprias à qual temos direito. Precisamos contrabalançar, levando a sério essa ameaça aparentemente benigna.

O que parece ser apenas um jogo de sociedade corrói sorrateiramente nossa sexualidade. E nossos filhos, que antes mesmo da puberdade brincam com toda inocência com nossas balanças e fitas métricas, estão se programando para os mesmos erros.

Se preferimos as curvas, chegou o momento de dizê-lo, sem ambiguidade.

Carta aberta aos grandes estilistas

Como preâmbulo a essa carta, gostaria de chamar sua atenção para um ponto da análise que lhes dizia respeito no capítulo anterior.

Falei do ambiente de homossexualidade que reina em certos meios da alta-costura.

Trata-se de uma constatação sociológica e estatística pura e simplesmente, não sendo em absoluto um julgamento de valor. Um médico ou um biólogo não tem nenhuma vocação particular para decidir o que é bom ou ruim num tipo de comportamento, mas, como qualquer outro, tem o direito de constatar.

Ora, é perfeitamente notório que a homossexualidade masculina confere a seus adeptos uma sensibilidade particular, predispondo ao refinamento e à busca do prazer.

Essas singularidades lhes conferem uma grande facilidade para dialogar socialmente com as mulheres. A decoração de interiores, os penteados, a beleza feminina e a criação de roupas são praticamente seu monopólio. Quem o haveria de contestar?

Feito isso, contudo, seria difícil esquecer que, no exercício dessas profissões, vocês conservam a estrutura de sua personalidade, injetando uma parte das suas preferências em suas criações mais sofisticadas.

A alta-costura é um dos territórios em que vocês são mais numerosos. Embora não sejam os únicos, as tendências da grande criação, a que servem tão bem, refletem sua influência dominante.

Como todos os criadores, vocês devem ter momentos de dúvida, interrogação ou simples questionamento. Procurem, então, ouvir-me sem impaciência. Minha análise da evolução da grande moda, das tendências parisienses que influenciam o mundo, prova que foram, de fato, vocês que impuseram o padrão estereotipado do corpo reto que ronda nossas revistas. É um sinal indiscutível de personalidade. Mas se num ato está subjacente uma perspectiva oculta, essa decisão, tomada nos ambientes refinados dos seus ateliês, prova claramente que as curvas femininas não são para vocês de absoluta necessidade.

Ora, e é aqui que eu queria chegar, essas curvas têm um sentido e um papel que vocês aparentemente esquecem. Pode parecer-lhes desejável que elas desapareçam da sua frente, mas não é tão fácil assim apagar do mapa biológico uma invenção natural com milhões de anos.

Sei que é difícil encontrar os suportes que consideram adequados para sua criação, e que muitas vezes lhes é necessário importá-los. Não é portanto a facilidade que motiva suas escolhas. Temos, assim, de buscar em outra parte.

Pessoalmente, já lhes disse qual é o meu sentimento. Os atrativos femininos não são por natureza capazes de abalá-los, e esse esquecimento inconsciente trai de certa forma o fundamento biológico da sua concepção estética.

Além disso, tenho motivos para crer que esses atrativos atrapalham a trajetória dos seus caminhos criativos. Já ouvi pessoalmente um grande costureiro afirmar que é difícil "vestir um violão". O que certamente é verdade. Um violão tem exigências e curvas que devem ser respeitadas, uma modelagem imposta com a qual o talento ou a astúcia não bastam.

É preciso aceitar chegar em segundo lugar na criação e admitir com humildade que se é apenas o subempreiteiro de uma obra-prima já existente: a mulher. Esta, com efeito, não os esperou para existir, e vocês lhes são duplamente devedores pelo fato de lhes ter conferido vida.

Sei, no entanto, que vocês não são responsáveis pelas frustrações femininas. Embora possa lhes garantir que só uma mulher em mil tem condições de penetrar em seus magníficos modelos, vocês se limitaram a sugerir suas escolhas; nossa sociedade selecionou o que estava de acordo com suas necessidades. Mas como vocês estão em posição tão privilegiada para sugerir inovações, por que limitar seu talento a modelos tão estranhamente andróginos? Por que não aceitar a dificuldade de lidar com o que existe?

Eu mesmo sou um esteta, e posso assegurá-los da simpatia que sinto pelo seu gosto da beleza, seus dons de criatividade, e é com indignação que os vejo negligenciar a própria essência de um outro tipo bem superior de harmonia: o corpo feminino.

Em matéria de moda, vocês são o que se convencionou chamar de líderes. A maioria dos jornalistas especializados tem os olhos permanentemente voltados para vocês. Quando vocês espirram, a imprensa se agita e as mulheres põem lenços ao redor do pescoço. Vocês são os déspotas incontestados da seda e do algodão. Conforme a estação.

Sejam magnânimos, aceitem o esplêndido desafio de incluir na sua paleta as autênticas cores da mulher, conferindo às suas curvas um conforto cotidiano.

Esta carta aberta é um pedido. Existe um tempo para sofrer e um tempo para deixar de sofrer. Acredito que a maioria das mulheres já sofreu demais por nunca alcançar seu objetivo. É urgente ajudá-las.

Entretanto, longe das realidades cotidianas e da linguagem carnuda das curvas, se vocês negligenciarem esse conselho ou desafio, correm o risco de ver a revolução ser feita à sua revelia, proveniente de países onde se sabe inovar.

Os homens preferem as curvas, não pode haver a menor dúvida. Quaisquer que sejam suas preferências, talvez seja hora de esclarecer seu despotismo, dignando-se a dar uma olhada na mensagem das estatísticas.

Carta aberta às jornalistas de revistas femininas

Esta carta terá um lado formal, pois já conhecem meus argumentos.

Eu as considero responsáveis pela transmissão de uma mensagem alheia sem qualquer senso crítico.

Vocês também detêm um estranho poder: o de difundir e amplificar tudo que passa por seu "megafone de ouro". E usaram esse poder até perder a voz. Graças ao seu empenho, as curvas perderam grande parte do seu antigo prestígio. Era uma prova inútil do seu poder.

Os grandes costureiros talvez tivessem a desculpa da facilidade. Criar sobre corpos sem formas evitava a distração inerente às paisagens ricas demais em relevos. Ou quem sabe, perdidos em seu esplêndido isolamento, talvez tivessem esquecido que um autêntico corpo de mulher é moldado numa massa que fermenta.

Mas vocês não têm essa desculpa. Sabiam perfeitamente que a grande maioria de suas leitoras não correspondia aos arquétipos que ficavam divulgando na opinião pública.

Nunca lhes passou pela cabeça que, quando uma única de suas leitoras conseguia se identificar com as encarnações descarnadas que habitam suas revistas, mil outras sofriam com isso a ponto de perderem a cabeça? Será que nunca recebem cartas dessas mulheres frustradas?

Existe aí um mistério que não consigo entender, e o único motivo racional que posso invocar é que vocês mesmas, jornalistas femininas, também estavam, em sua maioria, tão intoxicadas quanto as outras.

Foi a conclusão a que cheguei, pois vocês talvez sejam as que consultam nutricionistas com mais obstinação. Tenho na minha clientela uma quantidade desproporcional de colegas suas, provando claramente que vocês são tão torturadoras quanto vítimas.

Mas existe um terreno onde vocês fizeram verdadeira devastação. Criaram do nada a psicose da celulite. Transformaram um autêntico problema médico, antiestético, doloroso mas raro, num lugar-comum generalizado. Hoje, a palavra está tão banalizada que não representa mais um termo médico, mas um nome de coisa.

Questiono muitas vezes minhas pacientes para saber que ressonância semântica essa palavra pode adquirir no espírito de uma mulher, e constato que hoje em dia não se trata mais de saber se alguém tem ou não celulite, o único problema é determinar se tem muita ou pouca. O que significa expressamente que a psicose é de tal ordem que todas as mulheres praticamente são afetadas.

Isso é grave, e vou dizer-lhes por quê. Vocês degradaram de tal maneira essa palavra, injetaram-lhe uma tal carga repulsiva, que uma mulher perfeitamente normal sofre mais hoje em dia por alguns centímetros considerados excessivos nas coxas do que uma obesa sofreria por uma sobrecarga de 10 a 15 quilos. Talvez seja paradoxal, mas é assim. Não se trata do peso, não se trata de um volume qualquer, mas daquele que caracteriza o sexo e autentifica a mulher, foi sobre esse volume que vocês lançaram uma maldição, dando-lhe esse nome horrível para melhor combatê-lo.

Mas esta carta aberta não é acusatória. Somos todos responsáveis pelas escolhas de nossa sociedade, e para mim o futuro é muito mais importante que o passado.

Mais uma vez, aqui, recorrerei à única autoridade de que estou investido, a que me é conferida por minha experiência de nutrólogo. Sou consultado por mulheres há 15 anos, e posso garantir-lhes que são raras as que estão plenamente satisfeitas com o próprio corpo, felizes ou simplesmente despreocupadas.

A abordagem atual consiste em voltar os projetores para o detalhe imperfeito, tornando-o doloroso e irritante, e esquecer completamente tudo que é harmonioso e deveria inspirar confiança. Esse clima de perfeccionismo desemboca inevitavelmente numa insatisfação permanente. Existe muito a ser feito nesse terreno, no qual vocês podem ser de notável eficácia.

176

Quando uma mulher deixa de lado uma revista feminina, depois de tê-la lido, é acometida de uma dupla frustração. Suas páginas de apresentação de moda, por mais coloridas que sejam, não as deixam esquecer os modelos com os quais jamais poderão identificar-se. Suas páginas de beleza e saúde sempre as deixam perturbadas, pois vocês nunca identificam com suficiente precisão as leitoras que querem ajudar.

Vocês não acham que suas revistas teriam a mesma tiragem se essa impressão de mal-estar fosse substituída por uma visão gratificante da feminilidade? Quando uma mulher levanta-se de manhã cedo para trabalhar, basta um simples e pequeno cumprimento sobre sua beleza, e o seu dia será todo iluminado. Certos maridos encontram com alegria essas palavrinhas que não custam nada. Outros sentem um perverso prazer em pôr o dedo no detalhe irritante e oculto, e o dia acabará numa nuvem cinzenta.

Vocês estão diante da mesma alternativa, e até o momento optaram sempre por apontar o dedo indicador, talvez bem-informado, mas singularmente acusador, na direção da sua leitora.

Por que não poderiam tentar ser o bálsamo necessário a todas essas mulheres, cujas condições de vida mudaram muito nesse período decisivo?

Por que não lhes apresentar a moda em manequins de corpos mais de acordo com a média das francesas? Por que escolher sempre essas eternas magras que, numa total inversão do bom-senso, deixam nossas mulheres complexadas, em vez de se lamentarem sozinhas por seus tristes atrativos?

Finalmente, por que ficar eternamente repetindo essas velhas receitas que causam tanta irritação na pele? Não acham que chegou a hora de esquecer as celulites ou deixá-las para quem realmente as possui?

E seus artigos sobre estrias, perda de cabelos, peles sem brilho, pés chatos, seios que caem, rostos que envelhecem? Não permitam mais que a dúvida assalte todas aquelas que se questionam e se sentem mais ou menos envolvidas. Mirem com precisão e afastem as outras do seu escopo. Poderão, assim, tornar felizes aquelas que puderem decidir sem hesitação, a partir dos seus conselhos.

Costuma-se dizer popularmente que não é possível estar ao mesmo tempo em dois lugares. Vocês estão num deles, eu estou em outro e fico observando onde é que não estão. Entrevisto concretamente aquelas com as quais vocês conversam em imaginação, e por esse motivo è que me vali desta carta aberta para sugerir-lhes que esbocem uma mudança de rumo. E posso garantir-lhes que a maioria das mulheres sofre com suas curvas, com formas arredondadas que jamais poderão ser-lhes extirpadas, pois lhes pertencem. É possível fazê-las emagrecer o quanto quiserem, é possível, a rigor, com maior dificuldade, tratar a sua celulite, mas as formas naturalmente arredondadas são um dos seus órgãos. A ninguém ocorreria cortar um braço para emagrecer.

Há vinte anos elas ouvem essa sugestão de emagrecer para perder tais formas, símbolo e marca de sua feminilidade. Não se conseguiu apagar as curvas, mas elas ficaram complexadas, frustradas e diminuídas na confiança que tinham em si mesmas.

O seu papel, hoje, é devolver-lhes essa confiança perdida, essa alegria de viver e a vontade de conferir sentido mentalmente a essas curvas inelutavelmente ostentadas, mas nunca aceitas. Podemos apostar que a primeira revista que ousar fazê-lo terá garantida sua posição de liderança, aumentará sua tiragem e receberá como bônus a bênção de todos os homens, que preferem as curvas.

Carta aberta ao *prêt-à-porter* feminino

Dirijo-me também a vocês, mas sem esperança de ser ouvido. Não que sejam por natureza menos sensíveis que outros às dificuldades femininas. Mas os vejo como um corpo de vocação exclusivamente econômica, e sua lógica é a da produção. Não vale a pena, portanto, invocar aqui razões biológicas, humanitárias ou estéticas. Falemos de negócios.

E faço imediatamente uma constatação surpreendente: existe um mercado do *prêt-à-porter* feminino do qual vocês são os fornecedores titulares. Nesse mercado, por motivos pelos quais vocês não são responsáveis, podemos diferençar três tipos bem distintos de compradoras.

O primeiro grupo representa o estereótipo da perua disposta a seguir ao menor sinal as menores alterações da moda. Ela está na vanguarda por vocação. Qualquer que seja sua idade, é uma mulher de espírito jovem. Não se pode dizer que tenha uma personalidade muito clara, mas é alegre, frívola e não raro bonita. Além disso, identifica-se facilmente com os arquétipos da feminilidade atual. Essas mulheres não são muito numerosas e representam uma parte muito pequena da população.

Um segundo tipo reúne as clássicas, que se resignaram a abandonar a moda. Não deixam de sentir saudade, mas preferem considerá-la agora como uma curiosidade, algo fútil. É a situação das mães de família sérias e graves, parecendo sempre ter um pouco mais que sua idade real. Em sua maioria, essas mulheres apresentam curvas que tratam de camuflar e que muitas vezes estão na origem de sua aposentadoria antecipada. É a maioria silenciosa.

A terceira é a "atraente": a curvilínea "sexy" que se orgulha de sê-lo. Ela sabe perfeitamente que suas curvas são uma vantagem, especialmente numa sociedade em que a maioria das bem-servidas nesse terreno não tem mais coragem de se mostrar.

De modo que usam e abusam, a tal ponto que podem tornar-se vulgares.

Seios muito cheios e moldados até a indecência, quadris e coxas apertados em roupas muito mais reveladoras do que um biquíni. O clima é de provocação.

Vocês certamente conhecem o seu mercado muito melhor do que eu, e essas três categorias de mulheres devem ter sido estudadas há muito tempo pelos seus especialistas em marketing.

Acontece que eu não entendo que tenham decidido voltar o essencial dos seus esforços para o grupo mais restrito. Seus orçamentos publicitários, o trabalho dos estilistas, os investimentos no novo e no arriscado, tudo fica reservado para o primeiro tipo. Teriam por acaso identificado nele um poder aquisitivo amplamente compensador? Tenho minhas dúvidas. Vocês sabiam que a clássica e a "sexy" encontram dificuldade para se vestir e usam em desespero de causa os mesmos horrores ou as mesmas bugigangas?

Sei que não é um argumento suscetível de convencê-los, mas não posso me impedir de lembrar que essas mulheres sofrem. Umas em silêncio, optando deliberadamente pelo "sem graça", outras protestando à sua maneira, ou seja, preferindo jogar com o que vocês tão parcimoniosamente adoram à sua disposição para fazer valer seus próprios trunfos.

Sei antecipadamente sua resposta, pois já fiz a pergunta a pessoas da sua corporação. Vocês não são responsáveis pelos arquétipos, eu sei disso. Não impuseram esses corpos assexuados e ressecados, é verdade. E o lamentam, modesto escrúpulo que tenho dificuldade de reconhecer, mas vou dar-lhes o crédito. Mas então, como explicar toda essa codificação sistemática de tamanhos inabordáveis, esses modelos estritamente reservados, esses estilos que funcionam como barreira, que não passam de inúteis refinamentos de tortura para isolar a maioria de nossas mulheres? Vocês assumem ares de clube privado que recrutaria seus membros nas esferas da marginalidade morfológica.

Será necessário mostrar um dedinho magro para poder ser vestida decentemente? E se a preocupação de igualitarismo se reduz a pó declaradamente diante do seu pragmatismo de homens de negócios, por que as leis numéricas deixariam de pesar em suas preocupações econômicas?

Em termos de mercado, prospecção e marketing, vocês negligenciaram uma grande parte do seu público feminino. Um simples esforço de imaginação, uma leve soltura das rédeas dos seus estilistas, que apenas esperam algum sinal nesse sentido, alguns centímetros a mais no lugar certo, larguras que se fecham e abrem de acordo com os movimentos de um corpo normalmente constituído, em suma, um olhar novo para a mulher de sempre, e vocês estarão diante de novas compradoras, que mal poderão acreditar nos próprios olhos. Se há entre vocês alguns homens que ainda têm lembranças de alcova e apreciadores de lucros esclarecidos, que possam unir-se e ter condições de dar uma nova pulsão de vida a uma corporação que começa a estagnar em morna ortodoxia.

Cartas abertas endereçadas

Estamos quase no fim de um livro que concebi como uma defesa das curvas femininas. O culto da magreza nunca gerou magras, serviu apenas para produzir mulheres que procuravam sê-lo, com dificuldade e de maneira tão provisória que a maioria delas com isso ficou inutilmente frustrada.

Ora, por mais escorado em argumentos que seja, um livro não poderia por si só modificar o curso de uma moda ou de um gosto que penetrou no inconsciente feminino coletivo.

A única maneira de consegui-lo seria recorrendo aos grandes "magos da comunicação"; aqueles que atuam nas próprias fontes da difusão das ideias e preferências. Esses "formadores de opinião" transformam a maioria de nós em seres influenciáveis. Decretam o bom e o mau tempo. Decretaram a magreza, e caso se convencessem de que ela é nociva, por que não decretariam as curvas?

É, portanto, por esse motivo que irei me dirigir a eles, e para me certificar de que serei ouvido farei chegar-lhes cartas abertas cujo texto fará parte integrante deste capítulo.

Talvez eu seja acusado de ser um sujeito hábil que tenta promover seu livro ou um ingênuo que julga poder provocar tão facilmente um movimento na opinião pública. Assumo de bom grado esse risco, mas com isso estarei provando ao meu leitor que não me limito a declarações de intenção e o previno de que, de fato, alguma coisa vai acontecer; de que seis líderes de opinião foram nominalmente mencionados num livro destinado ao grande público, e que outros líderes, não menos influentes, mas aos quais não posso me dirigir por falta de espaço, logo ficarão sabendo também.

Com isso, por menor que seja a repercussão deste livro, a situação não será mais exatamente a mesma, e a proibição das curvas terá recebido sua primeira acusação pública. Espero sinceramente que por essa brecha se precipitem aqueles que abraçaram a causa de defender uma imagem mais natural da mulher, e que talvez tenham tido sua voz, sua pena ou sua câmera inibida pela conspiração do silêncio e da rotina.

Ao virar a página, você ficará sabendo, lendo o cabeçalho das cartas abertas, quem são aqueles aos quais julguei dever dirigir-me.

Por que escolher seis pessoas? Por ser suficiente para desencadear um movimento na opinião pública.

E por que essas pessoas? Porque causam grande impacto. Entretanto, por mais paradoxal que possa parecer, não os escolhi todos no território exclusivo da moda e da literatura feminina. Limitar minha iniciativa aos que já estavam implicados nas causas do processo teria sido insuficiente. Dificilmente se pode ser ao mesmo tempo juiz e parte interessada. Além disso, essas seis personalidades detêm um poder que lhes permite agir diretamente nas superestruturas. Acontece que o meu "diagnóstico" localiza a rejeição das curvas num desvio cultural muito mais amplo. Eu a situo, como você já deve saber a essa altura, numa tentativa de progressiva redução das diferenças entre os sexos.

Trata-se assim de um fato social que pode amortecer a atração sexual recíproca, cimento do casal e da família ocidental. Não é, portanto, sem motivo que eu os incomodo.

Mas será que ainda assim eles terão vontade, tempo e motivos suficientes para intervir num terreno em que o tabu ainda é tão forte? Não creio, e não é exatamente o que lhes peço. Mas se, como acredito, existe de fato "no ar" uma certa nostalgia do natural. Se obscuramente vai ganhando corpo um questionamento do fundamento de nossas modas e culturas mais sofisticadas. Se o artificial e o poluído, que diariamente nos afastam um pouco mais do essencial, são percebidos como inevitável resgate a ser pago pelos benefícios do progresso; nesse caso, esse arrazoado em favor das curvas originais da mulher talvez encontre mais facilmente seu lugar no conjunto de medidas que se prenunciam. E os líderes aos quais me dirijo agora certamente têm consciência disso.

Carta aberta a:

Sra. Marie-Claire Pauwels,
Sr. Jean d'Ormesson,
Sr. Arnaud Lagardère,
Sr. Patrick Poivre d'Arvor,
Sr. Philippe Sollers,
Sr. Thierry Ardisson,

Acabo de concluir um livro dedicado à sociobiologia das curvas femininas, consideradas como um dos "emissores" destinados a desencadear e manter a sexualidade humana.

Seu título, *Ame suas curvas*, e seu tom são deliberadamente atraentes para abrir as portas do grande público. Mas sua abordagem e as observações que contém repousam em parte numa síntese do que está na vanguarda da etologia, da biologia, da antropologia e da sociologia.

Sou médico nutrólogo, e ocupo há 15 anos um posto de observador privilegiado que me dá o direito e hoje o dever de manifestar minha impaciência ante um fato social preocupante.

No fim deste livro, escolhi seis líderes de opinião franceses que ocupam uma posição privilegiada em pontos cardeais da opinião pública. Tratei de escolhê-los deliberadamente entre aqueles cujo impacto é maior nas superestruturas dos meios de comunicação franceses.

Pedi ajuda a esses "seis megafones de ouro" na forma de uma carta aberta e endereçada cujo texto faz parte do meu livro.

Os senhores são esses seis líderes, e vou aqui rapidamente expor os motivos da minha escolha:

1) Sr. d'Ormesson, o senhor tem todos os trunfos para ser o melhor advogado desta causa. Líder de opinião, não é à toa que os meios de comunicação o adulam, pois une ao peso solene do acadêmico a leveza de espírito bem à francesa. Ora, sabia o senhor que a França é o país do mundo em que a mulher mais controla sua silhueta, e que Paris é a cidade da França onde essa censura é mais ardente? Vigilância e censura que chegam às raias da tortura, fazendo-nos merecer o recorde mundial do sofrimento assumido.

Dono de um formidável charme, munido de seus lendários olhos azuis inoxidáveis, o senhor pode atrair para o seu perfil conquistador uma maioria de mulheres sensíveis às suas opiniões.

2) Sr. Lagardère, os motivos da minha escolha são pragmáticos.

O senhor reina sobre tudo que se escreve, se lê e se publica na França. É bem verdade que por esse simples fato terá outras prioridades, mas nem por isso deixa de ser um homem clarividente que não pode ignorar o mal provocado por esse singular culto: uma magreza inacessível que impede o desabrochar de nossas mulheres, confunde nossos homens e tortura nossas adolescentes, algumas das quais, anoréxicas, muitas vezes pagam por isso um triste preço.

Um único gesto seu bastaria para que a maioria dos jornalistas deixasse de transmitir sem espírito crítico uma cultura que faz mal e reduz a polaridade e o poder de atração dos dois sexos, cimento natural do casal e da sociedade.

3) Sr. Poivre d'Arvor, o senhor faz parte do universo dos meios de comunicação há tempo suficiente para estar integrado à vida cotidiana de uma grande maioria das famílias francesas, para as quais sua opinião é importante.

Sempre foi ouvido pelas mulheres e é dessa escuta sensível que eu preciso.

Finalmente, conheceu e sofreu os estragos gerados pelo culto da magreza que envenena as dificuldades da adolescência.

4) Sr. Sollers, o senhor tem uma dívida para com as mulheres. Representante da *intelligentsia* francesa nos meios de comunicação, peso pesado

da literatura, conhecido das *Mulheres**, sedutor das intelectuais — que são as mais alérgicas às curvas e as mais ativas —, cabia-lhe lembrar a elas que a natureza tem horror do vazio e que as palavras ou as ideias — por mais ágeis que sejam — não substituem formas e contornos. O senhor perdeu muitas oportunidades de assumir posição sobre o assunto, que longe está de poder ser considerado irrisório ou indiferente. Está na hora de fazê-lo por sentimento de humanidade em relação a todas que não têm poder para se defender.

5) Sr. Ardisson, o senhor pertence, à sua maneira, a esse universo dos meios de comunicação em que são elaboradas as palavras de ordem, as modas e as culturas. E tudo me leva a crer que gosta das mulheres. Para convencer-se disso, basta ver o brilho de animal predador que se acende nos seus olhos quando elas estão ao seu redor.

Se a tese que defendo neste trabalho é justa e se o senhor não foi "desviado" pela cultura ambiente, deve também amar as curvas, as mulheres opulentas, as mulheres de corpo alegremente natural. Nesse caso, não se dispõe a dizê-lo em alto e bom som?

6) Sra. Marie-Claire Pauwels, em 1981, quando foi publicado meu livro *Ame suas curvas*, incluí seu pai no grupo dos cinco líderes de opinião aos quais solicitava que participassem de um movimento em favor das mulheres, as majoritárias, as "normais", aquelas que possuíam entre a pele e os músculos o que a natureza lhes tinha oferecido

Eu escolhera Louis Pauwels porque conhecia suas posições sobre o que podemos chamar de natureza humana, frente ao poder corrosivo de certas culturas aberrantes, entre as quais eu incluía o culto da magreza.

Nos dias que se seguiram, ele pediu a Hélène de Turckheim que estudasse esse fenômeno em profundidade. Anexo uma cópia do artigo que me valeu a indignação da literatura feminista, mas também uma abundante e reconfortante correspondência de adesão de homens e mulheres de boa vontade.

Vinte anos depois, a mulher francesa continua sendo a ocidental que mais drasticamente vigia a própria silhueta, e os três quilos estatisticamente adquiridos ao longo desse período exacerbaram sua vigilância e seu mal-estar.

---

* Título de um livro de Philippe Sollers. *(N. do T.)*

Consciente disso, meu editor solicitou-me que atualizasse mais uma vez o livro. Tentei, mas em vão.

A sociedade ocidental continua propondo o mesmo dilaceramento neurótico entre uma incitação intensificada ao consumo e o culto da magreza, com o acréscimo da proibição de se consolar comendo. De modo que nada mudou, a solução adotada continua a mesma, dolorosa: comer sob pressão e depois sofrer sob pressão.

No momento da reedição deste trabalho, lamentei não poder mais recorrer ao seu pai. Mas sabia que ele tinha uma filha que seguia seus passos, e a leitura recente do seu livro *Fille à papa* [Filha do papai] me convenceu a enviar-lhe esse mesmo trabalho: tenho assim a impressão de resgatar o fio de uma tradição.

Dito isso, encontro diariamente no exercício de minha profissão mulheres exasperadas pelas próprias formas, seu volume e seu peso.

À parte alguns poucos casos de grande obesidade, constato que a maioria dessas mulheres está perfeitamente de acordo com as normas biológicas.

Ora, são elas que paradoxalmente sofrem mais. Por outro lado, analisei os motivos culturais que fazem com que as palavras de ordem ocidentais sejam, há gerações, de caráter androide e ressecador.

Impõe-se uma conclusão evidente: em 2003, quando publico a versão atualizada de meu livro, a feminilidade biológica está no lado oposto à feminilidade cultural. É complicado deslindar responsabilidades, e eu tentei esclarecer as vias dessa conspiração que satanicamente inverte as "vantagens femininas", transformando-as em lepra contagiosa.

A necessidade de pertencer a um grupo e atender às suas palavras de ordem coletivas perturba nossas mulheres, dando origem no homem a uma dupla linguagem: social-consciente e instintiva-inconsciente, fonte de ambiguidade e inibições sexuais.

Quem nunca ouviu uma mulher que se vista no tamanho 40 exigir total escuridão como condição *sine qua non* para uma relação sexual não tem ideia do trauma feminino atual e de suas repercussões no parceiro masculino.

E nem falo das torturas alimentares que são infligidas a essas mesmas penitentes para não mudar de tamanho.

Os grandes costureiros, criando para a mulher com obscuros pensamentos andróginos. Os estilistas de menor envergadura, incapazes de contestação, os fabricantes de *prêt-à-porter* que obedecem exclusivamente a imperativos econômicos e finalmente a enorme caixa de ressonância dos meios de comunicação que levam o exagero ao ponto da extravagância.

A própria arte, que deve ser considerada o sismógrafo de nossos choques culturais, nos propõe modelos que parecem saídos dos ateliês de Giacometti e Bernard Buffet.

Entretanto, culminando todas essas responsabilidades parciais, eu acuso um certo feminismo selecionado por nossa sociedade de consumo para botar a mulher para trabalhar.

Confundindo, por um desvio militante, redução de desigualdades e redução de diferenças, chegou-se a reduzir a defasagem da bipolaridade sexual. O tabu das curvas é apenas uma das medidas destinadas a virilizar a mulher e feminilizar o homem.

Meu livro, se assim quiser, poderá informá-la muito mais sobre minhas ideias.

Ouso acreditar que não tome minha iniciativa por uma tentativa de incluí-la, contra a vontade, numa tribuna onde sua presença não faria sentido.

Concluído meu trabalho, tenho a consciência tranquila; espero, sem muita convicção, que esses suplícios culturais tenham fim quando o pêndulo da moda perder impulso. A natureza, segundo se diz, sempre reconquista seus direitos, mas isso pode levar muito tempo e causar muito sofrimento inútil.

Cabe-lhe, se assim o desejar, atenuar o rigor de um tabu biologicamente aberrante e objetivamente indefensável, pois diariamente acarreta muito mais dores que alegrias.

Queira registrar, assim, minha sincera expectativa e a expressão de minha simpatia.

DR. PIERRE DUKAN

Conheça mais sobre a
Dieta Dukan em:
www.dietadukan.com.br

Seja um leitor preferencial Record.
Cadastre-se e receba informações sobre nossos
lançamentos e nossas promoções.

Atendimento e venda direta ao leitor
mdireto@record.com.br ou (21) 2585-2002

Este livro foi composto na tipologia Optima LT Std,
em corpo 9,5/14,3, impresso em papel offwhite,
no Sistema Cameron da Divisão Gráfica
da Distribuidora Record.